Birgit Zart

Das **Kinder**
wunsch
Buch für Männer

Birgit Zart

Das **Kinder**
wunsch
Buch für Männer

ARISTON

 Verlagsgruppe Random House FSC-DEU-0100
Das für dieses Buch verwendete
FSC®-zertifizierte Papier *Super Snowbright*
liefert Hellefoss AS, Hokksund, Norwegen.

Bibliografische Information der Deutschen Bibliothek

Die Deutsche Bibliothek verzeichnet diese Publikation
in der Deutschen Nationalbibliografie; detaillierte bibliografische
Daten sind im Internet unter http://dnb.ddb.de abrufbar.

© 2011 Ariston Verlag
In der Verlagsgruppe Random House GmbH
Alle Rechte vorbehalten
Umschlaggestaltung: Griesbeck Design
unter Verwendung eines Motivs von getty images/Smith Collection
Satz: Leingärtner, Nabburg
Printed in GGP Media GmbH, Pößneck

ISBN 978-3-424-20045-4

Inhalt

Einleitung

Männer in der Kinderwunschzeit brauchen auch Hilfe

Häufig begleiten sie ihre Frauen in meine Praxis, deren letzte Hoffnung ich zu sein scheine. Mittlerweile kann ich ihnen ansehen, was sie auf ihrem oft langen Kinderwunschweg hinter sich haben. Ich kenne die Strapazen, denen sie sich unterziehen, und die Krisen, die sie durchleiden. Sie haben die verschiedensten Vitaminkuren hinter sich, essen brav die Salatdekoration auf dem Steakteller, verzichten auf Fahrradtouren und ihr geliebtes Feierabendbierchen. Sie meiden die Sauna und haben die Sitzheizungen ihrer Autos längst schon ausgebaut.

In ihrer heldenhaften Liebe zu ihren Frauen und vor allem aus dem Bedürfnis heraus, dass diese endlich wieder glücklich sein können, sind sie bereit, fast alles zu tun, was sie der Erfüllung des Kinderwunsches ein wenig näherbringt – oder näherbringen *könnte*. So hat sich nach und nach ihr ganzes Leben verändert. Längst hat der Kinderwunsch in traditionell wichtige Lebensbereiche eines Mannes eingegriffen: Essen, Trinken, Sport und Sex.

Ein Mann an der Seite einer Kinderwunschfrau darf nichts falsch machen. Zu viele Tränen hat er in der Vergangenheit schon nicht trocknen können, zu viele Familienfeste hat er gemeinsam mit ihr gemieden, um dort nicht all den neugeborenen Nichten und Neffen begegnen zu müssen.

Er könnte ja einen Fehler machen, sollte man ihm eines dieser süßen kleinen Babys prompt in die Arme legen. Der Mann fühlt sich unter Druck: Gibt er sich desinteressiert, läuft er Gefahr, seine Frau könne annehmen, sein eigener Kinderwunsch sei nicht groß genug. Verhält er sich kinderlieb und herzlich, dann macht seiner Frau möglicherweise der Gedanke schwer zu schaffen, dass sie ihm ein solches Geschenk bisher nicht machen konnte. Anscheinend kann sie nicht, was für alle Welt das Einfachste ist – ihm ein Kind gebären.

Wie leicht wird er damit zum Co-Vermeider. Er bleibt dann lieber gleich mit ihr zuhause und demonstriert traute Zweisamkeit. Dabei droht der Haussegen öfter schief zu hängen, als ihm lieb wäre, denn täglich warten genügend Gelegenheiten, in ein neues Fettnäpfchen zu treten. Inzwischen sind sie, die Männer, allesamt Meister darin, an den Mienen ihrer Partnerinnen die Gefühlswetterlage immer wieder neu zu erahnen.

So oder so ähnlich sind die Werdegänge meiner Wunschväter. Und wenn sie mich das erste Mal besuchen, versuchen sie auch mich einzuschätzen, und dies mit einer erstaunlichen Routine! So überprüfen sie mich kritisch: Welche weitere Erfolg versprechende Diät werde ich ihnen wohl aufdrängen? Wie viele zusätzliche Tropfen, Tinkturen oder chinesische Kräutertees, die Insiderkreise scherzhaft auch als Zeckensuppe bezeichnen, würde ich empfehlen? Welche erneuten Einschränkungen würden nun auf sie warten und welche weiteren Eingriffe in ihr Liebesleben?

Beschützend halten sie die Hand ihrer Angebeteten, obwohl sie die Tränen, die ihre Frau während des Erzählens ihrer Kinderwunschgeschichte vergießt, kaum mehr ertragen können. Doch warten die Männer tapfer auf meine Verordnungen, die aus ihrer Sicht nun unweigerlich folgen müssten.

Die erste Entspannung stellt sich zumeist dann ein, wenn ich angesichts dieser verzweifelten Gefühlsausbrüche gelassen bleibe, sie anerkenne und erkläre, dass jede geflossene Träne nun in der Seele keinen Schaden mehr anrichten kann. Wenn sie versuchen, ihre Frauen mit Worten zu trösten, halte ich sie sanft zurück und bitte sie: »Halte sie nur. Sei einfach da. Lass die Tränen fließen, denn sie heilen.«

Die Entspannung wächst, sobald den Kinderwunschmännern klar wird, dass es keine weiteren Tinkturen, Kuren oder Diäten geben wird. Auch wenn ich ihnen einen Kaffee anbiete oder in einer Anamnesepause gerne auch mal eine Zigarette mit ihnen rauchen gehe, fällt die Anspannung zunehmend ab. Wenn ich die meisten dieser doch oft verzweifelten Maßnahmen aus ihrem Alltag streiche und alles wieder in ein vernünftiges Maß bringe, geht es ihnen noch besser. Ganz für mich einnehmen kann ich sie, wenn ich mit ihnen und ihren Frauen gemeinsam eine vernünftige Strategie für den Kinderwunschweg erarbeite.

Eine Strategie, mit der sie eine Empfängnis wahrscheinlicher machen als zuvor. Denn nur mit dieser Perspektive lässt sich die Chance auf eine Schwangerschaft realistisch erhöhen. Eine Garantie für eine Schwangerschaft gibt es nicht.

Ganz egal, für welchen Weg zum Kind man sich auch entscheidet – am Ende muss man auf ein kleines Wunder hoffen, ob in der alternativen Kinderwunscharbeit oder bei einer künstlichen Befruchtung. Ich suche nach Möglichkeiten, die eigenen Ressourcen zu stärken. Nur so kann man sich behutsam seinem Wunschkind nähern, sich ihm im übertragenen Sinne entgegenentwickeln. Hierfür braucht es eine individuelle und nachhaltige Strategie, die die Kinderwuncheltern davor schützt, sich infolge eines kontraproduktiven Aktionismus völlig zu verausgaben.

Die gemeinsam entwickelte Strategie teilt sich in inhaltliche und zeitliche Etappen auf, sodass es möglichst immer nur ein Thema gibt, das nur die eine oder andere kleine Maßnahme erfordert. Auf diese Weise stoppen wir gemeinsam den Teufelskreis. Das Paar lernt, dass das Glück der Eltern im Mittelpunkt einer jeden Familie steht, auch zu einem Zeitpunkt, an dem das Kind noch unterwegs ist. Schließlich erhalten sie ihre Sexualität zurück. Dabei erkläre ich die Männer zu Hütern der Liebesspiele, in die sie sich – natürlich mit Respekt ihren Frauen gegenüber – nicht reinreden lassen sollen.

Meine gesamte Kinderwuncharbeit entwickelt sich über die heilerische Vernunft weiter, vor allem über ihr Gelingen, ihr Wirken. Der Weg zum Kind ist eine Mittelstrecke und eben kein Sprint. Die Lebensqualität und das Glück innerhalb der Beziehung müssen dabei unbedingt erhalten bleiben, und dies betrifft nicht nur die Frauen, sondern auch die Männer. Aus diesem

Um in der Kinderwunschzeit stark zu bleiben, muss das Glück der potenziellen Eltern gewahrt sein.

Grund liegen mir die Männer, vor allem ihre Sehnsüchte, ihre Wünsche und Ängste am Herzen. Die potenziellen Eltern sollen jederzeit stark und kraftvoll genug sein, damit eine Schwangerschaft ihnen nicht schließlich den letzten Rest an Energie raubt.

Obwohl es vorwiegend Frauen sind, die meine Hilfe aufsuchen und dabei ihre Männer eher als Begleiter mitbringen, ist eines dennoch klar: Den Weg zum Kind geht nie nur einer der beiden, sondern immer das Paar gemeinsam.

Dabei fällt eine Ungleichbehandlung besonders auf. In der Regel wird die Frau behandelt – ganz unabhängig davon, ob eventuelle diagnostische Erkenntnisse im Vorfeld gewonnen wurden, die die Frau oder den Mann als möglichen Verursacher eines unerfüllten Kinderwunsches identifizieren. Man therapiert die Frau nicht nur, wenn »sie« aus medizinischer Sicht die Ursache der Kinderlosigkeit ist, sondern auch dann, wenn *keine* Ursache ersichtlich ist oder diese beim Mann vermutet wird, liegt der medizinische Fokus auf ihr.

Jeder Mann aber ist Teil der Familie, ist Teil der Partnerschaft und ist Teil des Kinderwunsches. Deshalb kann der kleinste gemeinsame Nenner nur lauten: Als wichtiger Teil des Ganzen muss der Mann in die Kinderwunschbehandlung einbezogen werden.

Weist er darüber hinaus körperliche oder emotionale Schwächen auf, die den Weg zum Kind erschweren, dann ist nicht nur seine Frau diesbezüglich zu behandeln, sondern immer auch er selbst.

Eine kundige Begleitung in der Kinderwunschzeit ist für die Wunschfamilie enorm wichtig. Ich stelle beispielsweise sicher, dass das Paar auch in den kleinen Schritten Richtung Kind Erfolge sieht. Aber besonders achte ich auch darauf, dass der Kinderwunsch nicht alle emotionalen und körperlichen Kräfte des Paares überstrapaziert. Und nicht zuletzt sorge ich dafür, dass die manchmal lange Zeit, in der man auf das Kind wartet, nicht als verlorene bewertet wird. Insofern verloren, als dass man diese Zeit als Unglücklichsein mit sich selbst verbucht.

Das Schwinden des Glücks und der Kraft resultiert oft aus verzweifelten Gedanken und Ideen, meist initiiert von den nur allzu gut informierten Frauen. Angesichts eines unerfüllten Kinderwunsches lassen sie verständlicherweise nichts unversucht, um zum Wunschkind zu gelangen. Lässt das Kind dennoch auf sich warten, werden die Kuren und Geheimrezepturen oft über das nötige Maß beibehalten, was sich negativ auf die Lebensqualität im Alltag auswirken kann. Liegt die Ursache womöglich in einer diagnostizierten mangelhaften Spermienqualität, dann verschlimmert sich erfahrungsgemäß die Situation, weil der Mann als Träger einer scheinbar immensen Schuld die ganzen Prozeduren noch widerspruchsloser über sich ergehen lässt.

So manches Paar hat sich dadurch noch weiter vom Wunschbaby entfernt, als es womöglich ohnehin schon der Fall war. Die Tatsache, dass es keine Arznei gibt, die die Qualität der Spermien verbessert, verstärkt die Bemühungen der Paare und insbesondere der Frauen, selbst nach Möglichkeiten und Lösungen zu suchen. Und die gibt es in der Tat! Nur eignen sich nicht alle Ideen gleichermaßen für jedes Paar. Nicht alle möglichen Wege und Mittel sind bekannt, doch es gibt auch alternative Ansätze, die sehr wirksam sein können. Genau über jene Mittel und Wege möchte ich Ihnen, den Männern, berichten. In meiner alternativen Kinderwunschpraxis setze ich sie ein, um die Zeugungskraft des Mannes zu fördern. Ich stelle Ihnen aber auch Ansätze vor, die auf den ersten Blick vielversprechend erscheinen, bei denen ich aber in der Praxis den erwarteten Erfolg nicht erkennen kann. Dafür werde ich Sie einladen, Kinderwunschwege kennen zu lernen, die einigen von Ihnen möglicherweise etwas überemotional und wenig medizinisch fundiert erscheinen mögen, die sich aber wiederum in der Praxis bewährt haben. Ich verspreche Ihnen, kein Blatt vor den Mund zu nehmen, um Ihnen einen differenzierten Einblick in die Erfolge und Misserfolge meiner täglichen Arbeit zu gewähren. Was für Sie geeignet sein könnte, müssen Sie für sich selbst herausfinden. Denn das Wissen um eine Heilung oder einen Weg zurück zur Gesundheit – auch die der Spermien – liegt immer auch in Ihnen selbst.

Diesem Wissen möchte ich Sie näherbringen.

Herzlichst,
Ihre Birgit Zart

1. Kapitel

Wenn der Kinderwunschweg
in die Sackgasse führt

Gerade wenn es um einen Kinderwunsch geht, überfordern sich Männer wie Frauen oft, handeln krampfhaft und agieren bisweilen wider alle Vernunft. Normalerweise greifen wir auf bewährte Strategien zurück, wenn wir uns einen Wunsch erfüllen wollen. Wer sich etwas anschaffen möchte, spart dafür. Wer beruflich Karriere machen will, arbeitet hart. Kurzum: Wir mobilisieren alle verfügbaren Energien, wenn wir uns etwas ausgesprochen stark wünschen. So machen wir uns auf den Weg zu unserem Ziel, wobei wir fortwährend kontrollieren können, wie weit wir von ihm entfernt sind.

Beim Kinderwunsch funktionieren unsere gewöhnlichen Erfüllungsstrategien aber nicht. Selbst wenn wir uns für ein Kind entschieden haben, wissen wir nicht, wann eine Schwangerschaft eintreten wird. Wir verfügen über keinerlei Messinstrumente, die uns anzeigen könnten, auf welcher Etappe des Weges wir uns befinden, wie groß die Entfernung zum Wunschkind noch ist.

Und wir wissen auch ni18cht wirklich, wie wir uns dafür ins Zeug legen könnten. Auf diesem unbekannten Terrain verfügen wir über keinerlei Kontrollmöglichkeiten, denn wir kalkulieren mit einem kleinen Wunder.

Beim Kinderwunsch funktionieren unsere gewöhnlichen Erfüllungsstrategien nicht.

Trotzdem – oder vielleicht sogar deshalb – strengen wir uns besonders an. Wir neigen dazu, bei einer Angelegenheit, die wir nicht mit den Gesetzen der Logik steuern können, ehrgeizig zu werden. Diese Herangehensweise kann einen ersten gravierenden Fehler verursachen. Denn unwissentlich greifen wir damit in die starken Kräfte der Natur ein – in die Selbsterhaltungskraft des Lebens und in seine Qualitätssicherung.

Das Leben in all seinen Erscheinungsformen will sich stets selbst erhalten. Dieses natürliche Bestreben ist eine enorme und unaufhaltsame Kraft. Gleichzeitig ist es aber nicht für jeden Menschen einfach, sich fortzupflanzen.

Wozu könnte dies gut sein? Welchem Bestreben des Lebens und der Natur mag es dienen, wenn es inzwischen immer mehr werdenden Paaren nicht gelingen will, vorsätzlich und absichtlich ein Kind zu zeugen?

Man muss kein Philosoph sein, um nach Antworten auf existenzielle Fragen zu suchen. Ich kann mich auch einer Antwort nähern, indem ich unmittelbar im Alltagsgeschehen danach suche – und sie finde.

Gerne dürfen Sie mit mir über folgenden Erklärungsversuch schmunzeln: Meine Söhne haben mittlerweile recht viele Meerschweinchen. Auch an ihnen erkennt man die unbändige Kraft zur Vermehrung und Erhaltung der Art: Gerade weil sie sich in wesentlich kürzeren Etappen als wir Menschen vermehren, können wir an ihrem Beispiel von dieser Zeugungskraft besonders gut lernen.

Unser Rudel besteht immer aus mindestes zehn Tieren. Aufgrund der Arterhaltungstheorie könnte man erwarten oder wie ich befürchten, dass aus den zehn ganz schnell auch mal hundert Tiere werden. Das passierte aber nicht. Immer wieder sterben einzelne Tiere aus scheinbar unersichtlichen Gründen, und nicht alle Weibchen bekommen Junge.

Eines Tages geschah etwas, was nicht hätte geschehen dürfen. Der »Alte«, also der Vater und Altvordere des Rudels, begattete eine seiner Töchter. Diese wurde prompt trächtig und warf kurze Zeit darauf fünf süße kleine Meerschweinchen.

Sie und alle Nachkommen aus dieser Verbindung waren ein deutlich geschwächter Zweig unseres Meerschweinchenrudels. Sie kamen nicht so gut an ihr Futter und waren in der Hierarchie des Rudels immer hinter den anderen. Sie waren weder krank noch missgebildet, jedoch waren sie vom Leben weniger begünstigt und weniger vital. Die Weibchen bekamen keine oder nur selten Junge, bis am Ende dann nur noch ein einziges Weibchen aus dieser Linie übrig blieb und für Überraschungen sorgte.

Es setzte sich besser durch als seine Vorfahrinnen und Geschwister. Es eroberte sich sogar den besten Schlafplatz und einen ersten Platz am Futternapf. Bald nannten wir es »die Königin«, denn es war forsch genug, den Platz neben dem »Alten«, dem Rudelführer, ebenso herrschaftlich einzunehmen.

Als unsere »Königin« eines Tages von einem rudelfremden Männchen gedeckt wurde, warf es Jungtiere, die ebenso kraftvoll waren wie alle anderen auch.

Was war hier passiert? Ein Zweig einer Linie hatte eine genetische Schwächung erfahren und war in Gefahr, nicht weitergeführt zu werden. Er hatte sich auf eine einzige Vertreterin dieser Linie reduziert. Erst als die kleine tapfere Tochter dieser Linie ganz andere Seiten aufzog und vor allem neue Dinge erlernte, konnte dieser Zweig genesen. Nachfolgende Generationen konnten nun ebenso vital wie andere Zweige des Rudels werden.

Was hier wirkte, darf man als eine instinktive Qualitätssicherung der Natur begreifen – das ist und war eine Zauberformel, die zur gelungenen Weitervermehrung führte. Tiere kennen Verhaltensweisen wie Fleiß, Zielstrebigkeit und langfristiges Planen nicht, sie handeln instinktiv.

Wir indes, die Kinderwunschmänner und -frauen, versuchen mit Fleiß und Strebsamkeit unser Ziel, das Baby, zu erreichen, bis wir uns eingestehen müssen, dass dies so nicht funktionieren kann.

Nun ist es an der Zeit, umzudenken und ein Defizit auszugleichen, um der Qualitätssicherung der Natur gerecht zu werden – so wie es dem tapferen letzten Töchterchen im Meerschweinchenrudel gelang.

Diese Qualitätssicherung dürfen wir als feste und hochintelligente Instanz begreifen, die von uns Menschen die Lösung bestimmter Probleme erfordert.

Manchen von uns stellt sie auf dem Weg zum Kind vor die eine oder andere kleine Aufgabe. Diese kann darin bestehen, in irgendeiner Form gesünder zu werden oder bestimmte emotionale Entwicklungen voranzubringen. Jedoch kennt niemand die Wunderformel des Lebens, auch ich nicht. Mir ist nur wichtig, meine empirischen und theoretischen Beobachtungen offenzulegen, damit sie Ihnen als Paar helfen.

Wann immer es in meiner Praxis zu einer Schwangerschaftsmeldung kommt oder ein süßes Babyfoto geschickt wird, frage ich mich sofort: Was hat ausgerechnet zu dieser Schwangerschaft geführt? Welche Prozesse haben die Wunscheltern durchlaufen, um am Ende einer langen Kinderwunschzeit doch noch ein Baby in ihren Armen halten zu dürfen?

Die Antworten sind oft naheliegend: Bei diesen Paaren hat es immer eine Bewegung gegeben – entweder eine gesundheitliche, eine emotionale oder sogar eine schicksalhafte. Über diese Bewegung fand eine Veränderung bei den Wunscheltern statt. Ähnliches konnte ich auch bei Serien künstlicher Befruchtungen feststellen: entweder es funktioniert gleich oder eine Weile lang überhaupt nicht. Dann tritt eine wie auch immer geartete Veränderung ein, und plötzlich meldet sich das Baby an. Frischgebackene Eltern äußern sich dann fast ausnahmslos mit diesen oder ähnlichen Worten: »Was für ein Glück, dass wir einen langen Kinderwunschweg hatten. Sonst hätten wir das eine oder andere auf diesem Weg nicht lernen können.«

Der Kinderwunsch erfordert eine Bewegung.

Im Nachhinein zeigen sie sich also dankbar für diese Strecke, auf der sie ihre buchstäblich fruchtlosen Strategien erkannt und korrigiert haben.

Es ist vollkommen verständlich und nachvollziehbar, dass man als Paar alles, auch Unbrauchbares, ausprobiert, um sich den Kinderwunsch zu erfüllen. Ich hoffe, dass ich

Sie mit dem vorliegenden Buch darin unterstützen und begleiten kann, die eine oder andere kleine Kurskorrektur zu vollziehen. Vermutlich kann ich manche Paare, die am Anfang ihres Kinderwunsches stehen, nicht vor falschen Vorstellungen schützen. Dies erlebe ich oft, sodass sich die Geschichten vieler Kinderwunschpaare ähneln.

Von Kinderwunschwegen und -fallen

Wenn sich ein Paar ein Kind wünscht, geht es normalerweise davon aus, dass die Empfängnis auch planmäßig eintritt. Will dies wider Erwarten nicht »gelingen«, versucht meist der Mann sich selbst und vor allem seine Partnerin mit folgendem durchaus sinnvollen Standardsatz zu beruhigen: »Das wird schon.« Doch je mehr Zeit verstreicht und je größer der emotionale Druck wird, desto schneller verliert der Satz an seiner Wirkung. Mit steigender emotionaler Belastung kann er von der Wunschmutter auch als Desinteresse ausgelegt werden.

Konflikte sind damit vorprogrammiert. Die Partnerin ist zu Beginn des Kinderwunsches direkter betroffen, denn allein ihr Körper könnte die ersten kleinen Signale einer Schwangerschaft senden. Sie wird ihn daher sehr genau beobachten und jede zarte Veränderung studieren. Diese Beobachtungsgabe kann leicht eine ungesunde Eigendynamik entwickeln, sodass die Frau ununterbrochen an ihrem Teil des »Projekts« arbeitet. Sie beobachtet, analysiert und bewertet fortwährend, da der Kinderwunsch omnipräsent ist.

Ihrem Mann wird sie dabei jedes noch so kleine Detail sowie ihre Gedanken, Hoffnungen und Ängste mitteilen wollen. Die Frau befindet sich in der emotionalen Zwickmühle. Frauen können unterschiedlich auf diesen inneren Konflikt reagieren. Ob sie es tut oder nicht, mag eine Frage des Temperaments sein, Tatsache aber ist, dass sie es gerne tun *würde*.

Introvertierten Frauen fällt es oft leichter, ihr Baby-Dilemma mit sich selbst auszumachen. Der Partner dieses Frauentyps spürt, dass sich seine Frau allmählich von ihm emotional entfernt, ohne zu wissen, was in ihrer Psyche vor sich geht.

Für die Partner des extrovertierten Typs hingegen kann dies bedeuten, dass sie sich ausführliche und differenzierte Vorträge anhören dürfen, vorzugsweise bei langen Autofahrten, während derer man sich nur schwer entziehen kann.

Das Problem ist gemeinhin: »Mann« darf auf keinen Fall etwas sagen, denn es könnte genau das Falsche sein.

Ich erinnere mich an einen Wunschvater, der eine kurze und unerwartete Abwesenheit seiner Frau während der Anamnese nutzte und darauf bedacht, dass seine Frau nicht mithören konnte, mir zuflüsterte: »Wenn sie nur noch ein einziges prämenstruelles Syndrom bekommt, dann drehe ich durch! Meine Firma ist gerade umgezogen, und mein Chef hat mich auf dem Kieker. Ich kann im Moment nichts mehr aushalten!«

Als Frau, die sich selbst gern mitteilt, kann ich ihn dennoch gut verstehen. Möglicherweise wird er inzwischen eine Fülle von Vermeidungsstrategien meisterlich beherrschen – auch das ist nachvollziehbar. Wichtig ist, dass man als Paar Verständnis füreinander aufbringt. Ich kann die Frauen und ihr Verhalten sehr gut verstehen – in so einer belastenden Zeit hilft es vielen, sich mitzuteilen und sich auszutauschen. Männer können das vielleicht nicht immer nachvollziehen, und so ist es wichtiger denn je, sich die Gefühlslage des anderen bewusst zu machen, sich in ihn hineinzuversetzen – und den Partner zu verstehen. Gespräche sollten stattfinden, genauso wie Ruhepausen, in denen man über völlig andere Themen miteinander reden kann, ohne Gefahr zu laufen, von der verbalen Kinderwunschmühle zerrieben zu werden und daran innerlich kaputtzugehen.

Dies wird Ihnen als Mann am besten gelingen, wenn Ihre Partnerin zwischendurch auch wieder auf andere Gedanken kommen kann. Sie wird es Ihnen danken, wenn Sie ihr dabei helfen. Meinen Sie es gut mir ihr, führen Sie sie aus, überreden Sie sie zu einer kleinen Ablenkung. Nur bleiben Sie nicht tatenlos.

FREUDE IN DEN ALLTAG BRINGEN

Lassen Sie sich von folgenden Anregungen inspirieren: Erinnern Sie sich an Unternehmungen vor der Kinderwunschzeit – welche gemeinsamen Hobbys, Interessen oder Aktivitäten sind über die intensive Beschäftigung mit dem Kinderwunsch vernachlässigt worden oder vielleicht sogar verloren gegangen? Wie oft waren Sie schon nicht mehr in der Sauna? Wann haben Sie und Ihre Frau das letzte Mal so richtig fröhlich gelacht und auch getanzt? Überraschen Sie Ihre Partnerin mit einem gebuchten Refresher-Tanzkurs. Wann waren Sie das letzte Mal bei einem Konzert?

Wann haben Sie das letzte Mal das Telefon ausgestöpselt, um an einem verregneten Tag gemeinsam mit einer Pizza im Bett zu bleiben und fernzusehen? Wann waren Sie das letzte Mal bei Freunden oder im Kino?

Es wird auch Ihnen als Mann guttun, in einer Situation, in der Ihre Partnerin das fehlende Kind thematisiert, sich abzulenken, indem Sie gemeinsam einen Film ansehen. Selbst wenn es sich bei dem Streifen um eine Schnulze handeln sollte, wird er doch abwechslungsreicher sein, als erneut über günstige Zeitpunkte zum Beischlaf zu reden.

Gemeinsame Aktivitäten wiederbeleben.

Ein unerfüllter Kinderwunsch birgt die Gefahr, uns von den anderen, ebenso wichtigen Belangen des Alltags abzulenken. Anfangs mag er sich noch gut in diesen integrieren lassen, doch im Laufe der Zeit kann der Wunsch so dominieren, dass er sich in wichtige Lebensbereiche ausdehnt und immer mehr Emotionen beeinflusst. Das ist zwar verständlich, doch erfahrungsgemäß nicht immer vorteilhaft. Vielleicht mag Sie die Tatsache ein wenig trösten, dass es nicht nur Ihnen so ergeht.

Frauen wünschen anders, Männer auch

Vielleicht ist jetzt der Moment gekommen, an dem Sie sich fragen, ob ein gesundheitlicher Grund hinter der ausbleibenden Empfängnis existiert. Dies könnte der Zeitpunkt sein, an dem Sie oder Ihre Frau sich zu einem Arzt begeben, um dies abklären zu lassen. Denn in der Regel wird Ihre

Frau bereits im Vorfeld alle erdenklichen Diagnosemöglichkeiten mit ihrer Gynäkologin oder ihrem Gynäkologen längst durchlaufen haben. Das ist nur allzu verständlich, da die Frau gewissermaßen dazu verdonnert ist, so sehr auf ihren Körper zu achten.

Es gibt aber noch einen weiteren Grund: Vermutlich wünscht sich Ihre Frau ihr gemeinsames Kind auf eine andere Art und Weise, als Sie dies tun. **Männer und Frauen wünschen aus unterschiedlichen Positionen heraus.** Sie sehen sich zwar als Mann auch nach Nachwuchs – aber eine Frau wünscht aus einer anderen Position heraus. Es liegt in ihrer Natur, ein zartes, süß duftendes Baby in den Armen zu halten. Deshalb wird sie sich meistens auch dorthin bewegen wollen und manchmal auch instinktiv müssen. Kein Stillen, kein Verzicht auf Schlaf und auch kein müffelnder Windeleimer werden ihr diese Aussicht trüben. Das ist von der Natur sehr geschickt eingefädelt.

Dass Sie sich als Mann ein Baby aus einer anderen Motivation heraus wünschen, hängt mit Ihrer archetypischen Disposition zusammen. Selbst mit großem Emanzipationseifer entkommt man dieser nicht so leicht, denn auch hier hat die Natur ihre Hände im Spiel. Sie lässt Sie von Ihrer Neigung und Ihren Visionen her eher die Versorgerrolle einnehmen. So werden Sie sich als Mann weniger Gedanken um pastellfarbene Strampelanzüge oder um die Ausstattung von Kinderwagen oder Wiege machen und Ihre Zeit auch nicht in den für eine Frau absolut faszinierenden Etagen einschlägiger Konfektionsabteilungen verbringen (zumindest nicht freiwillig). Sie werden sich vielmehr darum kümmern, wie die Familie zukünftig mit nur noch einem Gehalt über die Runden kommen wird und wann es ein anderes Auto brauchen wird. Sie werden darüber grübeln, wie man mit einem kleinen Kind verreisen kann und ob Sie ohne schlechtes Gewissen am sonntäglichen Fußballtraining werden teilnehmen können.

Ich kann es überspitzter formulieren: Die Frau definiert ihre Rolle als Mutter ganz innerlich, während der Mann seine Rolle als Vater eher als »Macher« und damit äußerlich definiert.

Bisweilen lasse ich in meinen Kinderwunschseminaren die Paare sich und ihr Wunschkind spontan malen. Meist entstehen dann folgende Varianten: Entweder erinnern die Bilder oft an mikroskopische Aufnahmen einer Zeugung oder an die Empfängnis. Ebenso häufig aber sieht sich die Frau mit Kind im Arm (oder ohne!), der Mann hingegen hat seine Aufmerksamkeit auf das Umfeld gerichtet. Sitzt also »sie« mit ihrem Baby kuschelnd in einer Hollywoodschaukel im Garten, dann sieht sich der Mann dabei, wie er ein kleines Fußballtor bastelt, damit man mit dem Spross in naher Zukunft spielen kann, »wenn er denn so weit ist«. Für eine Tochter wird er vielleicht einen stabilen Stall für das heiß ersehnte Pony errichten. Sieht sich die Frau mit dem Baby im Arm am Meer, dann blickt der Wunschvater auf die Straße zum Strand und auf das Wohnmobil, mit dem sich die junge Familie überhaupt zu diesem Ort bewegen konnte. Er ist es natürlich auch, der das Lagerfeuer entfacht oder das Zelt aufbaut.

Mann und Frau »schauen« also aus unterschiedlichen Positionen der Vision Kind entgegen – es sind Impulse der menschlichen Natur, die jeder von uns empfängt und sendet.

Um in Bildern zu sprechen: Die Frau trägt das Kind ganz nah am Herzen, begibt sich mit ihm in einen Kokon. Der Mann fühlt sich in der Erschaffung des Surroundings eher wohl und lebt besonders stark in seiner Vaterrolle auf, wenn die Kinder ein wenig älter sind und man noch mehr mit ihnen anfangen kann, als sie zu lieben und mit ihnen zu schmusen. Natürlich werden Sie als Mann gerne zu ihrem Kind liebevoll sein, es voller Hingabe füttern und wickeln – aber es sind meist nicht unbedingt die ersten Gedanken, die entstehen, wenn das Thema Kinderwunsch auf Sie zukommt.

Von der Phase der Experimente zur medizinischen Diagnose

Lässt das Vertrauen nach, dass eines Tages auf natürliche Weise ein Kind gezeugt werden kann, dann ist die Versuchung groß, das eine oder andere vermeintliche Geheimrezept auszuprobieren. Das ist für viele Paare die Zeit der Tees, Diäten, Vitamine und Tinkturen. Oftmals finden experimentelle Veränderungen im Sexualleben statt. Es werden optimale Zeitpunkte errechnet und abstinente Zeiträume beschlossen. Vielleicht amüsiert es Sie als Mann, wenn Sie Ihre Frau dabei beobachten, wie sie nach dem Liebesspiel noch immer in der Gymnastikposition einer »Kerze« im Bett verweilt – mit einem entschuldigenden Lächeln im Gesicht, was zu sagen scheint: »Schaden kann's ja nicht!«

Die Erfahrung zeigt, dass Kinderwunschfrauen außerordentlich aufgeschlossen gegenüber zeugungs- und empfängnisfördernden Maßnahmen sind, die Sie als Mann meistens brav mitmachen. Es existieren viele Studien zu einzelnen Stoffen wie Zink, Selen, Q10, Molybdän. Es gibt Untersuchen zu ganzen Mineralstoffkombinationen, Omega 3 wie auch zu etlichen Vitaminen. Sie können davon ausgehen, dass Ihre Frau hinter jedes einzelne dieser Geheimnisse kommt.

Im Laufe der Zeit wird sie immer bessere Strategien entwickeln, Ihnen möglichst viele von diesen Präparaten unauffällig zu verabreichen. Manche Männer ergeben sich ihrem Schicksal, andere weniger. Sie alle aber haben eines miteinander gemein: Sie tun dies Ihren Frauen zuliebe. Sie wollen Ihre Frau unterstützen, den Kinderwunsch gemeinsam tragen und sich Mühe geben. Das ehrt Sie sehr.

Wenn Sie als Paar gemeinsam beschließen, medizinisch abklären zu lassen, ob hinter dem Ausbleiben der Schwangerschaft körperliche Ursachen stecken, dann sollte auch ein Spermiogramm angefertigt werden.

Im Grunde sollte ein Spermiogramm der erste Schritt sein – ganz einfach deshalb, weil die Feststellung der Spermienqualität zu den einfachsten Untersuchungen gehört.

Frauen sind dabei in der Regel aktiver: Binnen kürzester Zeit eignen sie sich ein präzises Wissen über alle physiologischen Prozesse und die Möglichkeiten an, diese »nur ein kleines bisschen« zu steuern. Sie kennt ihren Körper im wahrsten Sinne des Wortes in- und auswendig, denn Zyklustempo, hormonelle Abläufe und sogar die allmorgendlich gemessene Vaginaltemperatur sind ihr Terrain und unterliegen ihrer Kontrolle. Die Partnerin folgt ihrer Natur, wie wir bereits festgestellt haben. Folgerichtig wird sie in ihrer gynäkologischen Praxis schon die Hormonwerte gecheckt haben. Auch wird sie das Vorhandensein und Auftreten eines leistungsstarken Eisprunges gesichert und eine bakterielle Infektion zweifelsfrei ausgeschlossen haben.

Auf dieser Etappe des Kinderwunschweges ist die Situation noch überschaubar und die medizinischen Prozeduren sind harmlos. Wir haben es mit einem Thermometer zu tun, mit Abstrichen und vielleicht einer kleinen Blutuntersuchung.

Möchte man nun aber einen Schritt weiter gehen, dann steht vielleicht eine Gebärmutterspiegelung an oder eine Durchlässigkeitsprüfung der Eileiter, deren Durchführung bereits invasiver ist. Zur Abklärung einer Endometriose (einer gutartigen Wucherung der Gebärmutterschleimhaut) bedarf es einer Bauchspiegelung, die operativ vorgenommen wird. Diese weiterführende Diagnostik stellt für viele Paare eine Schwelle dar, die emotional belasten kann. Die Abgabe einer Spermienprobe stellt dann eine Zäsur dar, die genau an dieser Stelle eintritt. Es folgt der erste Besuch des Wunschvaters bei einem »Männerarzt«, einem Andrologen.

Viele Paare erzählen mir von dieser Zäsur. Die eigentliche Motivation ist nicht die Tatsache, dass die Beurteilung der

Spermienqualität ganz einfach zur gesamten Betrachtung der Empfängnisfähigkeit dazugehört, sondern der Mann möchte die Partnerin beschützen, indem er eine eigene Untersuchung der ihren voranstellt.

So gelangen Sie als Wunschvater im Laufe einer Kinderwunschzeit früher oder später zu einer Untersuchung Ihres Ejakulats. Die Vorstellung, in einer Arztpraxis dieses Ejakulat gewinnen zu müssen, ist natürlich alles andere als angenehm. Ich bin bisher keinem Mann begegnet, der vor einer solchen Untersuchung diese kleine Hemmschwelle nicht gespürt hätte – ob Mann es nun zugibt oder nicht.

Im Nachhinein mag es die leichteste aller Übungen gewesen sein, sein Ejakulat in einer fremden Umgebung zu gewinnen, umgeben von der Geräuschkulisse, den Eindrücken und Gerüchen eines Praxisalltags. Im Nachhinein scheint es auch nicht so schwierig gewesen zu sein zu wissen, dass unzählige Männer vor einem an genau dieser Stelle ebenfalls schon Hand angelegt haben, hoch konzentriert und kraftvoll bemüht, sich während dieser Prozedur keinerlei sexuelle Gefühle zu gestatten.

Wenn man diese Prozedur das erste Mal vor sich hat, gibt es so einiges, was man mit einem heroischen Lächeln zu überspielen versucht.

Humor hilft jedoch immer. Mir persönlich sind die humorvollen Spermiogrammgeschichten sogar die liebsten. Womöglich ist der humorvolle Weg auch für Sie ein geeigneter – zumindest wenn es die Abgabe des Ejakulats betrifft.

WIE ICH LERNTE, EINEN PLASTIKBECHER ZU LIEBEN

Der Besuch eines Gynäkologen oder einer Gynäkologin ist für eine Frau Routine, anders als für Sie als Mann, für den es den »Männerarzt«, einen Andrologen, bis vor Kurzem nicht gab. Vor noch nicht allzu langer Zeit steckte die Reproduktionsmedizin noch in den Kinderschuhen und mit ihr die Möglichkeit, die Spermienqualität zu untersuchen. Doch die Möglichkeiten und Erfahrungen verbessern sich laufend. Sie sind als Mann ein Pionier auf diesem Gebiet.

Es mag kaum zehn Jahre her sein, als mir Männer in meiner Praxis oder während der Seminare von den ersten Begegnungen mit einem »Männerarzt« berichteten. Einige dieser Geschichten sind mir gut in Erinnerung geblieben.

Ein Wunschvater berichtete mir, eine Praxisgehilfin hätte ihm einen Plastikbecher, so wie sie normalerweise für die Getränkeautomaten verwendet werden, zuversichtlich in die Hand gedrückt und dabei lautstark im überfüllten Wartezimmer gesagt: »Viel Glück, junger Mann, Sie brauchen ihn aber nicht vollmachen!« Daraufhin wies sie mit ausgestrecktem Zeigefinger auf die Toilettentür. Aus dem neugierigen Wartezimmer rettete sich der junge Mann schnell dorthin – und kam aber nicht weit. Es handelte sich um eine dieser typischen Altbautoiletten mit dem Ausmaß eines halben Quadratmeters.

Über dem Spülkasten hing ein Poster von Dolly Buster, auf dem Spülkasten stand eine Packung Kleenex, ein Mülleimer fehlte, und das schummrige Licht ließ unangenehme Spekulationen über die hygienischen Verhältnisse zu. Und um das Ganze so richtig gemütlich zu machen, hatte unser Held die Türklinke im Rücken, weil der Platz zwischen Toilettenbecken und Tür einfach viel zu knapp bemessen war.

Er hatte lange nachgedacht, wie er seinen Blick von Dolly Buster abwenden könne, ohne sich dabei aber hinsetzen zu müssen. Allein die Vorstellung, dass in dieser Kinderwunschpraxis sehr viele Spermienproben benötigt wurden und diese folgerichtig alle auf diesem kleinen Örtchen hervorgebracht wurden, ließ ihn mit der Türklinke im Rücken vorliebnehmen.

Er verschloss innerlich seine Ohren, um das Gemurmel im Wartezimmer zu ignorieren, und auch seine Augen, um Dolly Buster visuell zu entkommen. Er dachte auch nicht an die Zeit, die inzwischen schon vergangen war und die noch vergehen würde, und auch nicht daran, wie die Dauer seines Toilettenaufenthalts von den wartenden Patienten im überfüllten Wartezimmer womöglich mitgestoppt wurde …

Er fühlte nur sich selbst und den kleinen weißen Plastikbecher, der zu füllen war und dessen späterer Inhalt entscheiden würde, ob er fähig wäre, ein Baby zu zeugen.

Inzwischen sind die Kinderwunschpraxen zu Zentren herangewachsen, und man hat sich auf die Bedürfnisse der männlichen Kundschaft viel besser eingestellt und ein gehobeneres Ambiente geschaffen. Doch keine noch so schicke Ledercouch, keine noch so exklusive Auswahl an Erotik-DVDs und keine noch so hygienischen, da laminierten Pornoheftchen können wohl irgendwie bewirken, dass ein Mann sich dort wirklich heimisch fühlt. Manchmal muss ich mich sogar fragen, ob allein schon diese Umstände eine Auswirkung auf die Qualität der zu gewinnenden Spermien haben könnten.

Könnte es für die Qualität der Spermien nicht ausschlaggebend sein, unter welchem Zeitdruck sie hervorgebracht werden mussten? Ein Mann berichtete mir schmunzelnd, wie er auf dem Weg ins Kinderwunschzentrum in einen Stau geraten war. Er kam dort verspätet an und wurde mit den Worten begrüßt:»Na, nu machen

Se aber mal hinne, das Labor wird gleich losgeschickt.« Natürlich wurde daraus nichts.

Bei seinem nächsten Versuch im gleichen Zentrum wurde die Rauchglastür, die den Samengewinnungsraum eigentlich verschließen sollte, gerade repariert. Die Handwerker unterbrachen für ihn gerne ihre Arbeit, natürlich nicht, ohne dabei zu frotzeln:»Na, solln wir det mal lieber übernehmen, wir können det nämlich!«

Um derlei Stress zu vermeiden, gehen einige Kliniken dazu über, die Samen zuhause gewinnen zu lassen. Dafür müssen die Spermien aber in die Klinik transportiert werden, optimalerweise bei Körpertemperatur. Diese Möglichkeit macht Kinderwunschpaare erfinderisch. Sie kühlen im Sommer, sie wärmen im Winter, und bei normaler Wetterlage wird die kostbare Fracht bevorzugt im BH der Frau transportiert.

Wir können also erkennen: Kein Mann muss heute mehr eine Türklinke im Rücken haben. Das Maximum haben wir aber noch nicht erreicht.

Die Zeit des Wartens auf das Ergebnis kann sich allerdings dramatisch gestalten. Ich erlebe das in meiner Praxis häufig so: Vom Augenblick der Abgabe der Spermienprobe bis zum Zeitpunkt der Auswertung machen sich viele Frauen regelrecht verrückt. Die meisten Männer hingegen nehmen eine neutralere Haltung ein, da sie ohnehin nichts mehr ändern können. Viele Frauen haben mehr Angst vor der Diagnose als ihre Partner. Dabei scheint es zunächst irrelevant zu sein, ob es sich um eine positive oder eine negative handeln könnte: Unbewusst haben sie vor beiden Möglichkeiten Angst und wenn sie die Diagnose hören, sind sie geschockt und vor allem die Frauen fühlen sich oft hilflos, wie gelähmt. Weisen die Spermien eine suboptimale Qualität unter Laborbedingungen auf, sind sie schockiert. Stellt sich heraus, dass die Qualität optimal ist, reagieren sie ähnlich. Denn nun wissen sie wieder nicht, woran es liegen könnte, dass eine Schwangerschaft ausbleibt. Die Feststellung einer optimalen Spermienqualität kann sie wiederum auch verunsichern, da sie nun selbst zur vermeintlichen Ursache des unerfüllten Kinderwunsches werden können. Gleichgültig, wie das Ergebnis einer solchen Untersuchung aussieht – es muss von den Kinderwunschpaaren und insbesondere von den Frauen erst einmal »verdaut« werden.

Nach vielen Diagnosen folgt erst einmal eine Zeit, in der man sich mit den neu gewonnenen Erkenntnissen arrangieren muss. Die Phase gleicht einer kleinen Starre, die Gedanken kreisen während dieser so lange, bis die berühmte »Schuldfrage« wieder vom Tisch ist und neue Schritte überlegt werden können.

Überdurchschnittlich häufig erleiden Frauen diesen »Diagnoseschock«. Aus Erfahrung weiß ich, dass ich gemeinsam mit meinen Patienten diese neue Erkenntnis zunächst einmal wieder in eine Gesamtstrategie einarbeiten muss, bevor insbesondere die Frauen vertrauensvoll nach vorn schauen können.

Grundsätzlich gilt, dass diese geschlechtsspezifischen Reaktionsmuster weder bewertet und schon gar nicht beurteilt werden. Alles, was ich hier beschreibe, betrachte ich liebevoll und gelegentlich humorvoll, um Sie als Paar ein wenig aufzulockern. Mein tieferes Anliegen ist es, derlei Ängste zu nehmen und diese Diagnoseschocks in Zukunft zu vermeiden.

Diagnoseschocks bewältigen lernen.

Ein Tipp für die Partnerin: Sollten Sie auch zu den Frauen gehören, die ob derartiger Situationen ungeduldig werden, dann machen Sie sich Folgendes wieder bewusst: Wenn Ihr Mann Ihnen versichert, dass er sich um das weitere Vorgehen auf dem Kinderwunschweg intensiver kümmern wird, sobald konkrete Fakten vorliegen, dann vertrauen Sie ihm. Kinderwunschväter gehen meistens gelassener mit der Situation um. Lassen Sie sich von seiner Ruhe und der entspannten Verfassung anstecken. Es wird auch Sie entspannen, und das ist eine Strategie, die funktioniert!

Und wenn der Befund des Spermiogramms folgt, können Sie gelassener reagieren und sagen: Wenn das Spermiogramm in Ordnung ist, sehen wir weiter. Ist es nicht in Ordnung, dann sehen wir auch weiter.

Falls die Qualität der Spermien aus fachärztlicher Sicht suboptimal sein sollte, erhalten Sie von mir für Ihr weiteres Vorgehen genug Informationen und Hilfestellungen. Ich teile mit Ihnen vor allem die Erfahrungen aus meiner Praxis, die Ihnen helfen werden, optimistisch zu bleiben.
Dazu erfahren Sie mehr im 3. Kapitel.

Ruhe bewahren

Die Situation vieler Paare, die zu mir kommen, scheint meist aussichtslos. Sie sind nach oft zahlreichen gescheiterten Versuchen einer medizinisch assistierten Befruchtung entweder vollkommen erschöpft oder werden aus den Kinderwunschzentren gar als »austherapiert« entlassen. Wie

»übrig geblieben« kommen sie sich oft vor, und es ist, als hätten sie die Hoffnung auf ein Kind verloren. An diesem Punkt beginnt meistens die Suche nach anderen Wegen und Möglichkeiten, von denen viele erfolgreich und vielversprechend sind – für Frauen wie für Männer. Sie werden diese als Paar im weiteren Verlauf des Buches kennen lernen. Je früher Sie neue Möglichkeiten in den Kinderwunschweg einbeziehen, desto besser.

Ich empfehle Ihnen folgende Vorgehensweise: In einem begrenzten Zeitraum optimieren Sie Ihre Voraussetzungen für eine Empfängnis innerhalb einer sorgsam ausgewählten Ressource. Nun kommt das Stadium, in dem Sie auf »das Wunder« warten. Eine solche Zeit gibt es bei einer natürlichen Empfängnis genauso wie bei einer medizinisch assistierten. Gelingt Ihnen der Versuch, dann ist alles wunderbar. Glückt er nicht, dann legen Sie eine Pause ein, um sich zu erholen. Später können Sie wieder mit einer zeitlich begrenzten Etappe anfangen, in der Sie Ihre Zeugungsfähigkeit mit einer weiteren Ressource optimieren. Danach treten Sie wieder in die Phase ein, in der Sie in Ruhe auf das Wunder warten.

Die Kinderwunschzeit braucht Pausen und immer wieder neue Anfänge.

Es ist wichtig, einen Kinderwunschweg in einzelne Etappen zu teilen, um Kräfte zu sparen und richtig einzuteilen. Sehen Sie den Weg zur Empfängnis als eine einzige große Etappe, sind Sie nur noch damit beschäftigt, sich fortwährend fit für das Baby zu machen, was sich oft über Jahre hinziehen kann. Das kann körperlich und vor allem emotional erschöpfen und frustrieren. Deshalb braucht die Kinderwunschzeit Pausen und immer wieder neue Anfänge.

Bei einer künstlichen Befruchtung setzt man in den behandlungsfreien Zeiträumen zusätzlich auf eine natürliche Empfängnis. Somit hat man zwei Pferde gesattelt anstatt nur eines.

Ängste oder Wenn der Kinderwunsch auf der Kippe steht

Die größte Angst eines Kinderwunschpaares besteht darin, niemals ein Kind zu haben. Diese Angst beeinflusst, häufig unbewusst, viele Entscheidungen, die zu verzweifelten Handlungen führen können.

Stellen Sie sich vor, die Angst wäre eine Person und sie stünde direkt vor Ihnen. Dann stünde sie vor etwas. Würden wir die Angst nun bitten, zur Seite zu treten, dann erblickten wir direkt, wovor wir wirklich »Angst haben«: Der Aussicht beispielsweise, ohne Kinder alt zu werden.

Dieser Gedanke kann einen mit voller Wucht treffen. Ängste scheinen uns davor zu schützen, den Tatsachen ins Auge zu blicken und uns mit angstbesetzten Situationen zu konfrontieren.

So haben wir Angst vor dem Tod oder vor Schicksalsschlägen. Im Grunde ist es unsere Angst vor dem Schicksal an sich.

Psychotherapeuten helfen ihren besonders ängstlichen Klienten mit folgender Technik: Sie stellen eine Person, die das Schicksal darstellt, auf einen Stuhl, um dessen Macht zu symbolisieren. Die betreffende Person soll deutlich spüren, wie unausweichlich die Wege des Schicksals sind.

Man kann sich in der Tat dann sehr klein und demütig vorkommen.

Ich möchte Sie an dieser Stelle nicht unnötig mit der Macht innerer Bilder unterhalten, sondern Ihnen das Fazit für Ihren Kinderwunschweg verraten: Sie werden gewinnen und Sie werden die Angst besiegen, wenn Sie dem Schicksal gegenübertreten und ihm ins Angesicht blicken. Da bleibt Ihnen nur noch »Ja« zum Schicksal zu sagen und zu allem, was das Schicksal für Sie bereithält. Sie dürfen dann innerlich zu der Möglichkeit »Ja« sagen, auch *kein* Kind zu haben. Gelingt Ihnen dies, wird auch die Angst schwinden.

Dahinter steckt ein tückisches Prinzip: Auf eine Angst steuert man unbewusst immer zu – so wie ein kleines Kind, das auf dem Fahrrad sitzt und in einer spannenden Situation auf gar keinen Fall gegen Papas neues Auto fahren will. Genau diese Angst wird es auf das Auto zusteuern lassen, und es gibt eine dicke Schramme im Lack.

Ohne Angst jedoch hätte unser Sprössling das Fahrrad mit großer Wahrscheinlichkeit sicher und vertrauensvoll am Gefahrenort vorbeisteuern können.

Was für das Kind gilt, wirkt als Prinzip auch beim unerfüllten Kinderwunsch. Angst würde unsere Aufmerksamkeit von einem freien Weg ablenken, um uns stattdessen vor allen erdenklichen Widerständen zu platzieren. Das ist ganz und gar unpraktisch.

Ein Leben und Handeln ohne Angst versprechen immer mehr Erfolg. Vorhandene Ängste sollten wir nicht Überhand gewinnen lassen. Gestehen Sie sich als Mann Folgendes ein: Ja, es ist möglich, dass ich mit meiner Partnerin kinderlos alt und glücklich werden kann.

Damit wäre jede Zeit vergeudet, die Sie oder Ihre Partnerin unglücklich mit dem Kinderwunsch verbringen. Es wird Ihnen helfen, sich nicht nur auf das unwahrscheinliche Ergebnis eines Vorhabens zu konzentrieren, sondern immer die jeweils vor Ihnen liegende Etappe im Auge zu behalten.

Offen für Alternativen bleiben.

Sie werden nach und nach neue Entscheidungen treffen. Haben Sie vielleicht zunächst gedacht, es klappt eines Tages von ganz allein, dann kann es sein, dass Sie, wenn diese Strategie nicht irgendwann zu einem sichtbaren Erfolg führt, weitere Maßnahmen in Ihr Konzept integrieren. Vielleicht probieren Sie es anfangs mit Kalendersex und Vitaminpillen. Später werden Sie sich vielleicht zu einer künstlichen Befruchtung entschließen. Und wenn diese wiederholt nicht gelingt, dann ist der Gedanke an eine Adoption oder eine Fremdsamenspende nicht mehr so ausgeschlossen wie zu Beginn Ihres Kinderwunsches. Sollten nach schwerer Erkrankung oder einer Krebstherapie keine Spermien mehr vorhanden sein, willigen Sie möglicher-weise ein, dass aus Ihrem Hodengewebe welche gezüchtet werden.

Wie auch immer sich Ihr Weg zum Kind gestalten wird – es ist einer in Etappen, mit immer weiteren und neuen Entscheidungen. Morgen treffen Sie andere als heute. Machen Sie oder Ihre Partnerin sich über das Morgen noch keine Gedanken. Gehen Sie immer gemeinsam mit ihr einen Schritt nach dem anderen.

Die Angst loslassen – Etappen Schritt für Schritt nehmen.

Das schließt nicht aus, dass Sie beide an einen Punkt gelangen, von dem aus Sie nicht mehr weitergehen möchten. Folgende Sätze habe ich beispielsweise von Kinderwunschmüttern in meiner Praxis gehört: »Ich hatte acht Inseminationen, aber dann wollte ich einfach nicht mehr.« Oder: »Anfangs habe ich die Hormone eingenommen, aber dann wurde es mir zu viel.« Man könnte Ihnen vorwerfen, dass sie nicht alles getan hätten, um sich ihren Kinderwunsch zu erfüllen. Doch gibt es nicht generell Punkte im Leben, an denen ein Mensch spürt: Bis hierhin und nicht weiter? In meiner Praxis erlebe ich solche Fälle nicht häufig. Doch es gibt sie. Letztendlich ist es eine individuelle und persönliche Angelegenheit, wie weit man bereit ist, für sein Wunschkind zu gehen.

Vergegenwärtigen Sie sich immer wieder, dass eine aktuelle Entscheidung immer nur für das Hier und Jetzt gültig ist. Dabei hilft Ihnen zu erkennen, wo Sie momentan stehen und welche Etappe vor Ihnen liegt.

Achten wir also auf das Hier und Jetzt. Entwickeln Sie eine individuelle Strategie für Ihre Kinderwunschzeit, um Ihre seelische und körperliche Lebensqualität in dieser Zeit optimal zu erhalten.

2. Kapitel

Der Kinderwunsch
braucht immer eine Strategie

Die Fähigkeit zum strategischen Vorgehen scheint eher eine genetisch bedingte Männerdomäne. Der Mann brauchte den sprichwörtlichen Jägerblick, mit dem er das Mammut auch auf große Entfernungen exakt beobachten konnte. Frauen hingegen sind mit einem Weitwinkelblick ausgestattet. Er erlaubt ihnen, auf einen raschen ersten Blick hin ihre komplette Umgebung auf mögliche Gefahren für ihre Nachkommenschaft abzusuchen, und das gelingt ihnen in Sekundenschnelle.

Um strategisch vorzugehen, bedarf es der Fähigkeit, einen Plan zu entwerfen, der sich dem anvisierten Ziel konsequent Schritt für Schritt nähert. Hierfür eignet sich der Zoom, der ein einziges Ziel im Auge behalten kann – und zwar ausschließlich, um im Voraus zu berechnen, welchen Schritt das Mammut wann unternehmen wird. Das ist die Jägerqualität, die heutzutage noch in Ihnen als Mann aktiv ist.

Stellen Sie sich nun vor, Sie sollten für Ihre strategische Betrachtung ein weibliches Weitwinkelobjektiv verwenden. Dann sähen Sie nicht nur ein Mammut vor sich, sondern wahrscheinlich gleich mehrere Exemplare. Sie würden von jedem gleichzeitig einschätzen wollen, wohin es im nächsten Moment gehen wird, und in welche Richtung Sie sich selbst am besten bewegen sollten, damit es Ihnen in die Fänge gerät. Mit dem Herzen einer Frau ausgestattet, würden Sie vielleicht empathischer fragen, was das Mammut zu Mittag gegessen hat und ob es ihm in seinem dicken Fell nicht zu warm ist etc. Auch hier hilft Humor, um toleranter gegenüber der Andersartigkeit von Mann und Frau zu werden.

Ihre Partnerin ist von ihrem Naturell her eher multitaskingfähig. Während sie sich nach der Arbeit erleichtert von Pumps und BH befreit, telefoniert sie mit dem zwischen Kopf und Schulter eingeklemmten Handy mit ihrer besten Freundin, begrüßt Sie in der nächsten Sekunde und stellt Ihnen gleichzeitig eine Tasse Kaffee auf den Tisch. Nachdem sie das Telefonat beendet hat, verspeist sie ein rasch geschmiertes Knäckebrot, fragt Sie zwischendurch, wie Ihr Tag war, und hat nebenbei noch die Nachrichten im Fernsehen aufmerksam verfolgt und Pläne für das Wochenende geschmiedet.

Das ist eine außerordentliche Gabe, die sie später befähigen wird, die Befindlichkeiten, Bedürfnisse, Absichten und anfallenden Termine einer mehrköpfigen Familie in Rekordgeschwindigkeit zu erkennen und perfekt zu koordinieren.

Beim Entwickeln einer Strategie ist ihr dieses Talent aber eher hinderlich. Das Maß, in dem sich eine Frau gewisse Techniken aneignen kann, beispielsweise um beulenfrei einzuparken, wird spätestens beim Kinderwunsch überschritten. Da fehlt ihr tendenziell eine geeignete Strategie. Das ist, als hätte sie mehrere Joker in der Hand und würde sie übermütig falsch oder viel zu früh ausspielen.

Multitasking und strategisches Denken.

Das erlebe ich häufig in meiner Praxis. Kinderwunsch-
methoden wie »den richtigen Zeitpunkt« zu wählen, bestimmte Arzneimittel einzunehmen oder gewisse zeu-
gungserschwerende Angewohnheiten wegzulassen werden
gern gleichzeitig angewendet – anstatt überlegt und bewusst eine Strategie zu erarbeiten. Sie setzt ihre »Joker«
also nicht gezielt ein, sondern spielt sie alle sofort aus, wodurch sie sich natürlich verzetteln kann und gleichzeitig
echte Chancen vergibt.

Die Spontanberichte meiner Patientinnen und Patienten bestätigen diese wahllose
und sich verzettelnde Vorgehensweise.

Bitte nicht verzetteln!

Lassen Sie uns also die Perspektive wechseln, was oft
sehr hilfreich ist, wenn wir den anderen verstehen wollen.
Was kann also bei uns Frauen passieren? Karenzzeiten
wechseln mit Kalendersex, wir verordnen uns Tinkturen,
Diäten und Kügelchen, ohne uns vorher zu überlegen, ob
diese Rezepturen auch wirklich nützen. Hören wir von
einem neuen Geheimtipp, dann wird das ganze Programm
auch um diesen erweitert.

Um es in einem überspitzten Bild auszudrücken: Beim
Hausbau legt der Mann gerade die Fundamente, während
die Frau bereits die neuen Nachbarn zur Einweihungsparty
eingeladen hat, in Gedanken bereits die Blumenbeete plant
und überlegt, ob sie Gardinen oder Jalousien für die Fenster möchte …

Ich beobachte dies in der Praxis häufig: Früher und später werden strategische Möglichkeiten aus Verzweiflung
wild durcheinandergemischt. In einem solchen Fall korri-
giere ich gemeinsam mit den Kinderwunscheltern diesen
unproduktiven Aktivismus. Auch beim Projekt Kinder-

wunsch muss man beim Fundament beginnen – auch wenn es manchmal schwerfällt, weil die Sehnsucht so groß ist.

Sollten Sie sich als Mann in einer solchen Kinderwunschsituation befinden oder erste Anzeichen dafür erkennen, dann ziehen Sie so schnell wie möglich die Notbremse. Gehen Sie in den Schulterschluss mit Ihrer Frau, nehmen Sie sich gemeinsam eine Auszeit, bilden Sie ein Team und denken Sie zu zweit über eine brauchbare Kinderwunschstrategie nach. Es ist sinnvoll, Ihre Strategie zu einem Zeitpunkt zu entwickeln, bevor das Thema Kinderwunsch gerade Gefahr läuft, Spannungen in Ihrer Beziehung zu verursachen. So etwas kommt durchaus immer wieder vor. Und das geht auch nicht nur Ihnen so. Stressig kann es immer dann werden, wenn Sie in ein Fettnäpfchen treten, welches Ihnen Ihre Frau als Desinteresse am gemeinsamen Wunschkind auslegen kann.

Vielleicht stehen Sie den Tränen Ihrer Frau hilflos gegenüber. Vielleicht würden Sie sich gern aus dem Staub machen, wenn sich wieder ein Verzweiflungsausbruch Ihrer Frau anzukündigen droht, wenn der Kinderwunsch sich nicht erfüllen will. Ich rate Ihnen jedoch, in solchen Situationen innezuhalten, zurück ins Team zu gehen und an Ihrer Strategie zu feilen oder sie weiterzuentwickeln. Sorgen Sie dabei für eine entspannte Atmosphäre, zünden Sie eine Kerze an oder gönnen Sie sich eine gute Flasche Wein. Nutzen Sie die Gelegenheit, um sich intensiv Ihrer Frau und dem Kinderwunschthema zu widmen.

Das deeskaliert die Situation und gibt Ihrer Frau die Gewissheit, dass Sie nach wie vor an ihr und einem gemeinsamen Kind interessiert sind. Dadurch setzen Sie eine erste

Ziehen Sie die Notbremse.

Zurück ins Team gehen.

starke positive Erfahrung den vielen Situationen entgegen, in denen der Kinderwunsch mit stressigen und enttäuschenden Erlebnissen verknüpft war. Das Unterbewusstsein eines jeden Menschen merkt sich Negatives leider viel zu gut. Es speichert schmerzvolle Situationen oft besser als angenehme oder besonders glückliche. Daher empfehle ich Ihnen die angenehmen und glücklichen Situationen zu hegen und zu pflegen, um die traurigen Momente wohltuend ausbalancieren zu können, die in der Kinderwunschzeit häufig vorkommen.

Kommunikationsbedarf erkennen

Positive, intensive Momente innerhalb einer Partnerschaft heben auch in der Kinderwunschzeit die Stimmung und sorgen dafür, dass in der darauffolgenden Zeit der Alltag optimistischer gelebt wird. Es wird Ihnen helfen, typische geschlechtsspezifische Kommunikationsprobleme besser in den Griff zu bekommen wie beispielsweise solche:

Ihre Frau ist vielleicht mit fröhlicher Mine morgens ins Bad gegangen. Als sie wieder herauskommt, wirkt sie ein wenig beleidigt. Sie selbst fragen sich möglicherweise kurz, was diesen Stimmungswechsel ausgelöst haben könnte, finden aber keine Antwort und vergessen das Ganze wieder. Beim Frühstück aber fällt Ihnen wieder auf, dass irgendetwas in der Luft liegt. Jetzt fragen Sie Ihre Frau, was denn los sei. Nun ist es gut möglich, dass sie Ihnen die Antwort wütend und um Beherrschung ringend regelrecht über den Frühstückstisch zuzischt. »Nichts ist los. Gar nichts!«, wäre eine typische Formulierung, hinter der sich für eine

Frau eine Containerladung unausgesprochener Vorwürfe verbirgt. Sie selbst aber können nur genau das heraushören, was wortwörtlich gesagt wurde, nämlich das nichts los sei. Doch es ist nicht nichts. Da liegt etwas in der Luft, und es ist wahrscheinlich, dass Sie und Ihre Frau sich doch noch in die Haare geraten, wegen der Brötchen beispielsweise, die beim falschen Bäcker gekauft wurden, oder der Frühstückseier, die mal wieder nicht auf den Punkt gekocht wurden usw. Überhaupt tut hier andauernd niemand etwas oder macht alles falsch, das scheinen die unausgesprochenen Vorwürfe hinter den kleinen Spitzen zu sein.

Von solchen und ähnlichen Situationen berichten mir die Wunschväter. Sie haben Schwierigkeiten, mit unausgesprochenen Vorwürfen angemessen umzugehen. **Unausgesprochene Vorwürfe klären.** Ihnen fehlt oft ein Puzzleteilchen zum Verständnis, weshalb binnen weniger Minuten die Stimmungsbarometer ihrer Partnerinnen Vollabstürze absolviert haben. Da mag es sinnvoll sein, dieses Puzzlesteinchen zu kennen.

Was könnte sich vorhin im Bad abgespielt haben? Wir rekapitulieren die Szene aus der Sicht Ihrer/einer Frau: Vielleicht wartet Ihre Frau derzeit auf ihre Menstruation. Vielleicht ist sie schon ein paar Tage überfällig. Vielleicht befindet sie sich in dieser anstrengenden Phase, wo jedes noch so kleine Signal ihres Körpers einer genauen Überprüfung unterzogen wird. Sind das Ziehen in der Brust, der leichte Anflug von Übelkeit, die auffällige Geruchsempfindlichkeit, die morgendliche Reizbarkeit, die minimal verstärkte Neigung, Wasser anzusammeln, der veränderte Appetit und zahlreiche weitere kleinste Signale, die der Körper in einer solchen Phase sendet, nun Anzeichen für eine Schwangerschaft oder kündigt sich doch nur ihre Menstruation an? Das ist Stress pur. Vermutlich hat Ihre Frau die ganze Nacht am Rechner verbracht und nach Schwangerschaftsfrühsymptomen gegoogelt. Sie wird aber keinesfalls zu einem Ergebnis gekommen sein, das sie besser schlafen ließ. Denn in einer solchen Zeit gibt es niemals eine Gewissheit. Die körperlichen Anzeichen für das große Glück und die große Enttäuschung sind in dieser Zeit nämlich absolut identisch. So werden sich die Gedanken Ihrer Frau im Kreis gedreht haben. Irgendwann fiel ihr vermutlich ein, wie ungerecht es ist, dass sie sich mit diesen Dingen vollkommen alleine herumplagen muss, während Sie immer seelenruhig schlafen können. Vermutlich haben Sie das selbst noch bestätigt, indem Sie ihr mit fröhlicher Miene einen wunderschönen guten Morgen gewünscht hatten. Und schon befinden Sie sich unwissentlich in der Bredouille: Ihre Frau wird sich mutterseelenallein und von Ihnen im Stich gelassen fühlen, während Sie nicht die geringste Ahnung haben, was in ihr vorgeht und was Sie diesmal schon wieder falsch gemacht haben.

Solche oder ähnliche Situationen, die zu Missverständnissen führen, können immer wiederkehren, wenn man nicht zu ihrem Kern vordringt. Was ist aber der Kern? Es geht um das Gefühl, nicht mehr ganz im Team zu sein, um die subtile, unbewusste Angst, nicht mehr dazuzugehören. Und genau das ist aber für alle Lebewesen von äußerster Wichtigkeit. Beispielsweise sind frei lebende Rudeltiere tatsächlich in ihrem Leben bedroht, wenn sie aus ihrem Rudel ausgestoßen werden. Auch wir Menschen fühlen uns unbewusst bedroht, wenn wir uns ausgestoßen fühlen.

Während der Kinderwunschzeit fließen hauptsächlich Ihrer Frau die Informationen zu – über ihre körperlichen Symptome, die auf eine mögliche Schwangerschaft hinweisen. Sie trägt dadurch die knifflige Verantwortung, Sie als Teampartner über das eigentlich gemeinsame Projekt immer wieder zu informieren. Vielleicht möchten Sie als Mann eine Information so präzise wie möglich erhalten. Beim Kinderwunsch kann das aber so nicht funktionieren, denn die körperlichen Signale, die Ihre Frau entschlüsselt, sind subtil, sehr zahlreich und vor allem nur in Ausnahmesituationen präzise. Dieser Vorgang gleicht mehr einem Sherlock-Holmes-Spiel denn einem Tatsachenbericht.

Ein Kommunikationsproblem ist die Folge: Ihre Frau weiß zu gut, dass Sie als Mann Gespräche dieser Art nicht besonders mögen. Und sie weiß auch, dass sie solche nur ihr zuliebe führen. Sie möchte sich Ihnen mitteilen, wird dieses Mitteilungsbedürfnis aber wohl dosieren, um Ihre Geduld nicht allzu sehr auf die Probe zu stellen. Gleichzeitig will sie als Teil des Teams die vorhandenen Informationen an Sie weiterleiten. Da Ihre Frau Sie liebt und Sie schonen will, wird sie sparsam kommunizieren. Nun kommen wir wieder auf das Herdenverhalten zurück. Wegen ihres eigenen rücksichtsvollen Verhaltens schließt sie sich selbst aus dem Team aus und fühlt sich allein gelassen. Ein Gefühl, das sich unterbewusst als lebensbedrohlich festsetzt.

Wie können Sie als Mann nun eine solche Situation retten? Sie können Ihrer Frau das Gefühl vermitteln, dass sie dazugehört. Zeigen Sie als Teampartner regelmäßig Interesse für diese eher ungewohnten Projektinformationen und fragen Sie diese auch von selbst ab. Das Gefühl, nicht alleingelassen zu sein, können Sie Ihrer Frau auf viele Arten vermitteln, die nicht immer mit dem Kinderwunsch direkt zu tun haben müssen. Ein Kinobesuch oder das Anbringen eines neuen Spiegels im Bad können beispielsweise schon ausreichen. Wunderbar ist es, wenn Sie ihrer Frau beim Kinderwunsch immer wieder signalisieren, dass Sie an ihrer Seite stehen. Das wird umso notwendiger, je mehr Gewitterwolken sich über den Alltag zusammenbrauen. Werden Sie selbst aktiv, es wird sich lohnen.

Eine entspannte Atmosphäre kann Wunder bewirken. Sprechen Sie mit ihr, ohne sie aus Hilflosigkeit trösten zu wollen oder irgendetwas schönzureden oder zu bewerten. Verarbeiten Sie all die Informationen, sortieren Sie sie gemeinsam mit Ihrer Frau. Erörtern Sie gemeinsam mit ihr die momentane Kinderwunschstrategie, um sie anschließend zu justieren.

Wie eine solche Strategie aussehen und aus welchen Stationen sie bestehen kann, lesen Sie im nächsten Kapitel. Sie werden zudem erfahren, welche Ressourcen Sie für die Strategie erkennen und ausbauen können.

Ein erster wichtiger Grundsatz für eine Kinderwunschzeit lautet: Mit den Kräften haushalten! Je besser sie als Team funktionieren und sich gegenseitig unterstützen, desto leichter können Sie auch mal Abstand gewinnen und entspannen. Gegenseitige Vorhaltungen zehren an den Kräften und bringen Sie Ihrem Kinderwunsch keinen Schritt näher.

Wenn der Kinderwunsch in ein Burnout führt

Manche Kinder scheinen ihren Eltern geradewegs in den Schoß gelegt zu werden, andere nicht. All diese prompten Schwangerschaften, von denen man in seinem Umfeld hört, haben eines gemeinsam: Es gab keine nervtötenden Wartezeiten davor.

Eine Kinderwunschzeit ist kein Sprint. Kinderwunschzeiten von zwei Wochen sind die Ausnahme, sodass ich sagen kann: Wann immer ein Paar sich ein Kind wünscht, sollte es sich auf eine Mittelstrecke einstellen.

Da die Sehnsucht nach dem eigenen Baby meist unermesslich groß ist, erschöpfen sich Geduld und Gelassenheit schnell. Wunschmütter müssen emotional viel aushalten, gerade weil sie schwer kontrollierbaren Aufs und Abs ausgesetzt sind. So pendeln sie stark zwischen Hoffnung, Enttäuschung und Trauer. Energien werden aufgezehrt, in manchen Fällen führt sie die belastende Situation in ein Burnout.

Viele unterliegen der irrigen Annahme, dass allein ein stressreicher Job ohne ausreichende Regenerationsphasen Ursache für ein Burnout ist. Das stimmt so nicht.

Eine Erschöpfung der Gefühle einerseits und ein aus den Fugen geratenes Gleichgewicht der körpereigenen Hormone andererseits führen vielmehr zu einem Burnout.

In der Kinderwunschzeit kann es auch zu einem Burnout kommen, das sollten Sie als Paar unbedingt im Auge behalten.

In meine Praxis kommen oft Paare mit dieser enormen Erschöpfung, mit denen ich gemeinsam erst einmal einen Notstopp einlegen muss. Erst dann können wir überhaupt wieder anfangen, am Kinderwunsch zuarbeiten.

Symptome für ein Kinderwunsch-Burnout rechtzeitig erkennen.

Ich erinnere mich an ein junges Paar. Beiden ging es den damaligen Umständen entsprechend gut, nachdem wir eine Erfolg versprechende Kinderwunschstrategie erarbeitet hatten. Zwei Jahre lang hörten wir nichts mehr von ihnen, was normalerweise als gutes Zeichen zu werten ist. Eines Morgens, ich war gerade auf dem Weg zur Praxis, standen sie wieder vor mir. Allerdings waren sie in einer anderen Verfassung zurückgekommen, als ich es mir für sie erhofft hatte. »Meine Frau war immer eine Frühaufsteherin. Sie war vor mir fit und startete positiv in den Tag. Heute Morgen fiel mir auf, dass sie schon seit geraumer Zeit gar nicht mehr aufstehen will. Da habe ich sie ins Auto gesetzt und wieder hierhergebracht«, so erklärte mir der Mann die Situation. Wie gut, dass er auf seine junge Frau so prima aufgepasst hatte.

Wie sich herausstellte, war sie nämlich in ein Kinderwunsch-Burnout geraten.

Was war geschehen? Das Paar war nach der Beratung in meiner Praxis hoffnungsvoll wieder an seinen Kinderwunsch gegangen. Nach gut eineinhalb Jahren hatten sie sich entschlossen, medizinische Unterstützung in Anspruch zu nehmen. Meiner Ansicht nach war dies eine gute Entscheidung. Leider hatte sich die junge Frau aber alle Diagnosen, Einschätzungen von Erfolgsaussichten und kleinste »Erwähnungen« von verschiedenen Zweifeln so sehr zu

Herzen genommen, dass sie emotional regelrecht daran zerbrochen war. Sie konnte nicht mehr schlafen, wollte keine Freunde mehr sehen und hätte am liebsten nicht mehr das Haus verlassen. Pausenlos war sie traurig, und vor allem wollte sie nicht mehr aufstehen. Und das hatte ihr Mann zu Recht als Alarmsignal verstanden. Schließlich gelang es uns glücklicherweise, sie aus diesem seelischen Tief, das sich in schweren Erschöpfungszuständen und depressiven Episoden manifestierte, herauszuholen. Wir halfen ihr aus den Diagnoseschocks, auf die ich bereits in diesem Kapitel eingegangen bin. Vor allem verordneten wir dem Paar einen drei Monate langen Urlaub vom Kinderwunsch.

Bei einem solchen Burnout bedarf es unbedingt einer Auszeit, die nicht zu knapp bemessen sein sollte. Ich machte der Kinderwunschmutter verständlich, dass sie in ihrem sensiblen Zustand nicht wirklich robust in eine Schwangerschaft gehen, entbinden und später ein erstes Babyjahr bewältigen könne. Also willigte sie ein, sich für eine befristete Zeit von ihrem Kinderwunsch zu verabschieden. Die beiden erholten sich in dieser Zeit prächtig.

Bei ersten Alarmsignalen ist eine Auszeit vom Kinderwunsch notwendig.

In all den Jahren als Therapeutin habe ich lediglich zwei Männer mit einem Kinderwunsch-Burnout erlebt. Tatsächlich sind die Frauen eher gefährdet, in eine psychische Schachmatt-Situation hineinzugeraten. Gerade deswegen sollten Sie als Mann in dieser Zeit besonders gut auf Ihre Partnerin achten.

ALARMSIGNALE

Die Symptome eines Kinderwunsch-Burnouts sind Depression, steigende Müdigkeit und Erschöpfung, was sich auch im Beruf auswirkt. Der Rückzug von Freunden und Verwandten, vornehmlich von solchen mit eigenen Kindern oder gar kleinen Babys, kann sich so zuspitzen, dass Kontakte abgebrochen werden. Manchmal zieht man sich auch vom eigenen Partner zurück.

Begleitsymptome können Herzklopfen, Panikanfälle, plötzliche Übelkeit, Kreislaufprobleme oder nächtliches Schwitzen sein. Das mag eine gewisse Zeit zu ertragen sein, bis der Körper signalisiert: Stopp, bis hierhin und nicht weiter. Dieses Umschalten des Körpers von »Krise« auf »Vollstopp« ist übrigens kein Vorgang, der allmählich verläuft, häufig geschieht er ohne weitere Vorwarnung.

Allen meinen Leserinnen und Lesern, die glauben, sich in einer solchen Situation »zusammenreißen« zu müssen, lege ich ans Herz, sofort einen Urlaub vom Kinderwunsch zu nehmen.

Tatsächlich glauben viele Frauen, sie könnten mit ihrer letzten Kraft noch schnell nach vorne flüchten in der irrigen Annahme, dass nach der Geburt des Babys alles vorbei sei. Dass dem nicht so ist, versteht sich von selbst.

Die Heilung eines Kinderwunsch-Burnouts kostet in jedem Fall viel Zeit. Deshalb sollten rechtzeitig Präventivmaßnahmen getroffen werden, damit dieser Zustand gar nicht erst eintritt. Auf die Gefahr hin, dass Sie es nicht mehr hören wollen: Lassen Sie sich als Mann auf das Abenteuer der Gefühle ein, die eine Kinderwunschzeit selbstverständlich mit sich bringt. Beobachten Sie sich selbst und Ihre Frau, wann sich die Zeichen einer Erschöpfung häufen oder ob der häusliche Segen allzu oft schief hängt. Dann ist es an der Zeit, eine Auszeit von Ihrem Kinderwunsch zu nehmen. Tun Sie das nicht nur für Ihre Frau, sondern vor allem auch für sich selbst: Sie müssen auch auf sich selbst achten und sich selbst wieder in den Mittelpunkt stellen können. Der Kinderwunsch ist nur eine Seite Ihres Lebens, es gibt auch noch andere Aspekte, um die Sie sich auch kümmern müssen. Sie sind beide wichtig, da Sie ein Team sind.

Urlaub vom Kinderwunsch

Wie sieht diese befristete Auszeit konkret aus? Zunächst einmal besprechen Sie mit Ihrer Frau, wie lange eine Pause sein dürfte, dass sie sich noch damit wohlfühlt, und nicht das Gefühl hat, den Kinderwunsch ganz ad acta legen zu müssen. Wären zwei oder drei Monate okay, um Luft zu holen? In dieser Zeit nehmen Sie und ganz besonders Ihre Frau an der »Empfängnislotterie« schlichtweg nicht teil. Das ist eine gute Gelegenheit, sämtliche Kinderwunschmaßnahmen ebenfalls vollkommen unter den Tisch fallen zu lassen. Stellen Sie sich gerne diese Aussicht vor: Kein Kalendersex, keine Abstinenzen, Diäten und Absichten – kurzum: keine Hoffnungen, aber auch keine Enttäuschungen.

Urlaub vom Kinderwunsch bedeutet, wieder ein Ehepaar zu sein oder noch besser: ein Liebespaar. Halten Sie in Ihrer Kinderwunschzeit immer mal wieder inne und fragen Sie: Wie weit haben wir uns insgesamt entfernt von dem Glück, das wir empfanden, als wir frischverliebt waren?

Im Mittelpunkt einer jeden Familie steht immer das Glück der Eltern. Das gilt auch für die Zeit, in der die Kinder noch unterwegs zu Ihnen sind! Es ist Ihrer beider Aufgabe, dieses Glück zu bewahren und zu hüten.

Glück ist kein statisches oder fortdauerndes Phänomen. Es bedarf stets einer besonderen Aufmerksamkeit, eines Innehaltens und einiger Initiative, damit man es für sich im Hier und Jetzt findet. Glück lässt sich nicht auf später vertagen. Und es ist ein Irrtum, zu glau-   Das Glück sichern. ben, wenn das Baby erst da ist, dann komme das Glück schon von alleine wieder zurück. Unzählige traurige Kinderwunschfälle haben längst das Gegenteil bewiesen.

Deshalb möchte ich Ihnen als Paar folgenden Rat ans Herz legen: Stellen Sie bitte das Glück in Ihrer Partnerschaft weiterhin in den Mittelpunkt Ihrer Aufmerksamkeit. Dieser Rat mag in allen Bereichen gelten. Auf dem Weg zum Kind bekommt er aber nochmals mehr Gewicht. Denn die meisten Paaren tappen in die Falle und ordnen ihr eigenes Glück dem Kinderwunsch mit seinen eigenen Gefühlsfassetten unter. Das ist wirklich sehr schade und kontraproduktiv.

Wieder die »Alten« werden

Es muss nicht immer gleich ein ganzer Urlaub sein. Gönnen Sie sich auch in aktiven Phasen des Kinderwunsches immer wieder kleine Beziehungshöhepunkte, schenken Sie Ihrem Alltag ab und zu liebevolle Aufmerksamkeit. Überlegen Sie sich eine kleine Überraschung für Ihre Frau und umgekehrt. Erfüllen Sie sich kleine Wünsche. Diese gilt es zwischendrin immer wieder herauszufinden, zu formulieren und umzusetzen.

KLEINE GLÜCKSWERKZEUGE FÜR DEN ALLTAG

Nehmen Sie sich bei Gelegenheit Zettel und Stift und erstellen gemeinsam mit Ihrer Frau eine Liste mit Dingen, die Sie schon lange nicht mehr gemacht haben. Dinge, die Ihnen verloren gegangen sind, seitdem Sie sich ein Baby wünschen. Überlegen Sie, wie weit Sie sich von dem Paar entfernt haben, das einst frischverliebt war. Waren Sie lockerer, spontaner und humorvoller? Waren Sie öfter unterwegs? Haben Sie beispielsweise die Urlaubsplanung oder auch Ihre ganze Lebensweise weniger kontrolliert?

Notieren Sie, jeder für sich, eine solche Liste und vergleichen Sie sie anschließend. Priorisieren Sie die einzelnen Punkte: Was wünscht sich jeder von Ihnen eigentlich am meisten? Wählen Sie dann einzeln nur ein Thema aus, um das Sie sich in der darauffolgenden Zeit besser bemühen möchten. Kleben Sie sich als Erinnerungsstütze einen Zettel an einen gut sichtbaren Platz. Wiederholen Sie das in zeitlichen Abständen.

Das Bergsteiger-Prinzip

In schwierigen Phasen der Kinderwunschzeit verliert man gelegentlich den Überblick. Das ständige Hoffen und die vielen kleinen Enttäuschungen können zu Überempfindlichkeiten führen. Rückschläge und vor allem die eine oder andere Diagnose können dabei viel stärker schmerzen, als man es von sich üblicherweise kennt. Wenn diese kleinen Gemütssplitterchen – so nenne ich sie manchmal liebevoll – immer wieder und über längere Zeit in die gleichen Stellen geraten, kann es schnell geschehen, dass man streckenweise nur noch sich selbst und seine Befindlichkeiten sieht. Das kann zur Orientierungslosigkeit führen, und manchmal verliert man sogar das Wunschkind selbst aus den Augen.

Ich vergleiche den Kinderwunschweg deshalb gern mit der Wandertour, die ein Bergsteiger auf dem Weg zum Gipfel zurücklegt. Mit dem Gipfel im Blick wird er seinen Aufstieg zielstrebig beginnen. Schnell wird er erkennen, dass er umso langsamer gehen wird, je steiler der Berg ist. Bei seinen obligatorischen Pausen wird er sich auf eine Bank setzen und dabei den schönen Blick ins Tal genießen. Seinem Körper wird er eine Ruhephase gönnen, er wird essen und trinken, um seine Kräfte zu stärken. Er wird auch ein wenig stolz sein auf das beachtliche Stück seines bereits zurückgelegten Weges.

Gewiss weiß ein Bergwanderer genau, wie weit es noch bis zum Gipfel sein wird. Dies hingegen kann ein Kinderwunschpaar nicht wissen. Genau dieser Unterschied macht Ihren Weg zum Kind zum besonderen Abenteuer.

Es ist nicht immer einfach zu bestimmen, wie konsequent und temporeich Sie diesen Weg gehen sollen und wie viele Pausen Sie dabei einlegen. Die Strategie, sich Ihre Kräfte gut einzuteilen, bleibt. Genau die Ruhepausen helfen Ihnen dabei, auch die schönen Momente auf diesem Weg tief in Ihrem Herzen zu bewahren.

Trotz Pausen und Rückschlägen: Dranbleiben!

Ich erlebe sogar Paare, die eine Pause vom Kinderwunsch derart nötig hatten, dass sie den entscheidenden Punkt zum Aufbruch und Weitergehen verpassten. So ein Kinderwunschurlaub kann sich also so gemütlich und kuschelig anfühlen, dass man ihn gern verlängern will. Darin sehe ich kein Problem. Wenn allerdings eine Erstarrung zu spüren ist oder aus Angst der Weg nur zögerlich angetreten wird, dann stimmt was nicht. Genießen Sie als Paar also Ihren Urlaub und versäumen Sie dennoch nicht, den Weg zum Kind dann auch wieder aufzunehmen.

3. Kapitel

Ressourcen erkennen und ausbauen

Stellen Sie sich Folgendes vor: Sie möchten sich Ihr Haus selbst bauen, obwohl Sie nicht wissen, wie Sie das konkret bewerkstelligen können. Fachspezifische Kenntnisse werden nun von Ihnen gefordert. Sie werden lernen, Pläne zu lesen, und machen sich in Statik schlau. Mit bestimmten Werkzeugen werden Sie lernen umzugehen, und wenn es sein muss, werden Sie üben, wie man einen Nagel in die Wand hauen kann.

Von der Finanzkalkulation über das Wissen um Wärmewerte bis hin zu handwerklichen Fähigkeiten – es gibt unendlich viele Ressourcen, die gestärkt werden können.

Weitere Ratschläge können Sie sich bei Freunden einholen, die selbst ein Haus gebaut haben. Sie können sie fragen: »Was würdet ihr aus heutiger Sicht anders machen und was würdet ihr auf jeden Fall wieder tun? Was hat euch in schwierigen Phasen, wenn das ganze Projekt ins Stocken kam, geholfen?«

Wenn Sie nun Ihren Hausbau auf den Kinderwunsch übertragen, gibt es Parallelen zu entdecken. Im Gegensatz zu einer Zeugung ist ein Hausbau planbar, das ist klar. Mit dem Modell der Ressourcen aber, dem Erkennen, Sichern und Ausbauen von einzelnen Bereichen des Projekts, können Sie gern arbeiten.

Der Weg zum Kind wird von vielen Ressourcen gespeist, die ich Ihnen auf den folgenden Seiten vorstellen werde. Entscheiden Sie dann selbst, welche Sie sich sichern, ausbauen oder lieber lassen möchten.

Ich bin mir sicher, dass Sie Ihr individuelles Maß an Kraft, Geschwindigkeit und Ruhepausen für sich selbst herausfinden können – entsprechend Ihrer ganz persönlichen Kondition und Belastbarkeit.

Vertrauen und Geduld

Vertrauen und Geduld tragen entscheidend zur Lebensqualität bei. Ein Paar, das in seiner Kinderwunschzeit niemals das Vertrauen in eine Schwangerschaft verliert, wird auf der gesamten Kinderwunschstrecke geduldig bleiben. Lebensqualität und vor allem das Glück bleiben dabei eben nicht auf der »Strecke«. Wer sollte da noch nervös werden oder Angst bekommen? Weshalb sollten da noch Tränen fließen?

Dies ist wirklich nur ein Modell, denn kein Paar bleibt in der Ruhe. Also: Modell und Konjunktiv, ja?

Vertrauen und Geduld sind wichtige Ressourcen des Kinderwunsches.

Daher tragen Vertrauen und Geduld nicht nur zu unserer Lebensqualität bei, sie sind zwei der wohl größten

Ressourcen des Kinderwunsches. Sie gehören aber häufig zu den am stärksten begrenzten.

Wenn Sie die Geduld oder das Vertrauen verloren haben, scheint Ihnen der Rückweg in eine glückliche Kinderwunschzeit besonders schwierig zu sein. Auch hier gibt es kein Patentrezept. Gestatten Sie sich diese Phasen, denn sie gehören dazu und vergehen auch wieder. Sie sind nicht zu verhindern, scheinen aber umso auswegloser zu werden, je stärker Sie sich dagegen wehren. Hier lautet der erste Grundsatz: Erkennen Sie an, was ist, und treffen Sie vor allem in dieser momentanen Krisensituation keine weiterführende Entscheidung.

Krisen vorüberziehen lassen, ohne zu handeln.

Ausgerechnet in verzweifelten Phasen beginnen viele Paare regelrecht zu strampeln und legen einen blinden Aktionismus an den Tag. Hier fühlt sich häufig der Mann zum Handeln aufgerufen, einen Ausweg zu erkämpfen. Entscheidungen, die aber in einer solchen Situation getroffen werden, erweisen sich im Rückblick oft als überstürzt oder sogar als falsch.

Dieses Verhaltensprinzip, allein mit Willenskraft und einem enormen Energieaufwand einen Ausweg zu finden, funktioniert leider nicht.

Viele Paare erzählen mir das später in etwa so: »Ja, dann waren wir verzweifelt und haben uns gesagt: Flucht nach vorne. Und dann haben wir – Augen zu und durch – gleich eine Serie künstlicher Befruchtungen absolviert, die erfolglos waren. Danach waren wir vollkommen erschöpft, aber auch klüger, sodass wir an die nächsten Versuche besonnen und in aller Ruhe herangehen und uns unsere Kräfte besser einteilen werden. Wir wissen ja jetzt, wie es nicht geht.«

Ersparen Sie sich diese Erfahrungen und bleiben Sie so ruhig wie nur möglich. Gehen Sie immer erst dann einen Schritt weiter, wenn Sie und Ihre Frau sich dafür gelassen genug dafür fühlen. Treffen Sie Ihre Entscheidungen erst dann, wenn in Ihnen und rund um Sie herum wirklich alles stimmt. In ungeduldigen, hoffnungslosen oder verzweifelten Phasen sollten Sie nicht krampfhaft handeln. Ziehen Sie sich lieber mit Ihrer Frau aus dem Kinderwunschprojekt zurück und warten Sie ab, bis die Krise vorbei ist. Haben Sie Ihr Vertrauen erneut zurückgewonnen, dann halten Sie so lange wie möglich diesen Zustand aufrecht, um die Zeiten der Verzweiflung zu verkürzen.

Zu Beginn der Kinderwunschzeit sind die meisten Paare voller Hoffnung und Vertrauen, irgendwann auch Eltern zu werden. Sie vertrauen in ihre Liebe und die Kräfte der Natur. Das ist eine wunderbare und gesunde Haltung. Solange Sie als Paar mit diesem Vertrauen leben, wird Ihnen die Kinderwunschzeit Freude bereiten, und nicht nur am Anfang.

Im Laufe der Zeit schwinden die Reserven an Zuversicht zunehmend. Es ist der Zahn der Zeit, der an Ihnen zu nagen scheint. Es sind aber auch die Stolpersteine am Rande des Weges oder gar mittendrin, die sie mit schwächen. Fragen wie »Ist meine Frau nun schwanger oder nicht?« lassen Ihr anfängliches Vertrauen auf eine harte Probe stellen.

Männer vertrauen länger

Die Zweifel verderben Ihnen diese Zeit der Freude. Aber meistens sind es die Frauen, die von ihnen geplagt werden. Für diese kontraproduktiven Gefühle gibt es leider kein Geheimrezept. Ihnen als Mann wird es vermutlich länger gelingen, im Vertrauen zu bleiben – das ist eine wunderbare und positive Eigenschaft.

Bewahren Sie sich Ihr Vertrauen!

Aber Ihr Vertrauen kann zu vielen kleinen Gewitterwölkchen führen, wenn Ihre Frau ihres schon ein wenig verloren hat. Ihre Partnerin kann dann Ihr Vertrauen als Desinteresse am Kinderwunsch auslegen.

Solche und ähnliche Situationen schildern mir meine Patienten: Der Mann findet seine Partnerin tränenüberströmt und schluchzend zuhause vor. Auf die Frage, was denn los sei, hört man sinngemäß Folgendes: »Ich glaube, wir werden niemals ein Kind bekommen!« Was kann Mann darauf nur antworten, um zu trösten und die Tränenflut einzudämmen? Mann wird sehr wahrscheinlich sagen: »Ach, beruhige dich doch, das wird schon werden.«

Trotz bester Absicht sind die Männer damit in ein Standard-Fettnäpfchen getreten, denn sie werden sich den Vorwurf anhören müssen, ihre Partnerinnen nicht ernst zu nehmen, sich selbst etwas vorzugaukeln und sich zu wenig Mühe zu geben.

Was geschieht hier? Ich weiß und erlebe es regelmäßig, dass Sie als Mann diese Zuversicht lange und vor allem tief verinnerlicht haben. Für Ihre Frau sieht es so aus, als hätte sie keinen Grund traurig zu sein, obwohl sie es tatsächlich ist. Das Gefühl, dass ihre Traurigkeit anerkannt wird, dass sie berechtigt ist, ist wichtig. Fühlt sie sich nicht anerkannt in ihrer Trauer, kann das bei Ihrer Partnerin zu Einsamkeitsgefühlen führen.

Vergessen Sie jedoch nicht: Es ist ein Glück und notwendig, dass einer von Ihnen noch Vertrauen hat. Stellen Sie sich nur vor, Sie beide hätten es verloren und wären gemeinsam am Boden zerstört – keine schöne Vorstellung. Meine Erfahrung ist hier ganz eindeutig: Wenn Ihre Frau diese Perspektive einnimmt, dann kann sie sich auch in ihrer Krise an Sie anlehnen. Sie wird das Hilfreiche und Kraftvolle in Ihrer Zuversicht erkennen. Besprechen Sie diese Möglichkeit mit ihr – aber nicht in einer verzweifelten Situation, sondern unbedingt hinterher oder vorher. Als akute Hilfestellung möchte ich Ihnen Folgendes anbieten.

Krisenmanagement: Anerkennen, was ist

In einer Krise belehrt man grundsätzlich nicht. Wer einen anderen Menschen in einer solchen belastenden, niederdrückenden Phase unterstützen möchte, sollte zunächst einmal die Situation des anderen anerkennen. »Oje, in was für eine Krise bist du da geraten« oder: »Das muss ein schreckliches Gefühl sein, kein Vertrauen mehr zu besitzen«, wären mögliche Reaktionen.

Für gewöhnlich verschlimmern wir unabsichtlich die Gefühlslage unseres Gegenübers. Wir sagen dann gerne: »Hör auf zu weinen, ist ja wieder gut«, oder: »Das wird schon noch.« Anstatt echtes Mitgefühl zu zeigen und zu signalisieren, dass man das Gefühl kennt, versuchen Sie in bester Absicht, den anderen aus der Krise »herauszureden«. Und das funktioniert nicht nur nicht, es verschlimmert den Kummer der betroffenen Person. Denn um Trost und Mitgefühl zu spenden, ist ein empathisches Verhalten erforderlich, das die Emotionen des anderen zunächst anerkennt.

DIE KRAFT DER EMPATHIE

Meine beste Freundin hatte ein goldenes Händchen für kleine Kinder und Babys. In einem ihrer Mütterseminare wurde eines der Babys unruhig. Sie beobachtete, wie die junge Mutter begann, ihr Kind hektisch zu wiegen, ihm den Schnuller in den Mund zurückzuschieben, um unter keinen Umständen das Seminar zu stören.

Meine Freundin führte daraufhin an diesem Baby vor, was sie zuvor den Müttern theoretisch hatte vermitteln wollen: Sie nahm das weinende Baby auf den Arm, das noch weit davon entfernt war, die Sprache der Erwachsenen zu verstehen, und artikulierte genau das, was vermutlich in ihm vorging: »Ach, ist das langweilig hier!« Sofort wurde das Kind ruhiger. Meine Freundin fuhr fort: »Immer soll ich nur ruhig sein und meine Mama hat überhaupt keine Zeit mehr für mich.« Sie schlüpfte mehr und mehr in die Rolle des Babys und formulierte Sätze, die seiner Gefühlslage entsprachen.

Das wirkte beruhigend auf das Baby, bis sich meine Freundin die anfängliche Taktik der Mutter aneignete.

Sie sagte: »Sei jetzt wieder schön leise, damit ich das Seminar nicht störe.« Sie können sich bestimmt denken, was nun geschah: Das Baby fing auf der Stelle wieder zu weinen an.

Mit folgendem Satz: »Ach, ist das aber ein blödes Seminar hier, und es ist bestimmt langweilig für dich, mein kleiner Schatz!«, beruhigte meine Freundin das Kind schließlich wieder. Ihre Worte zeigten Wirkung. Der Effekt einfühlenden Verhaltens zeigte sie des Öfteren. Das ging besonders gut, wenn die Mütter ihre Kinder mit ins Seminar nahmen. Dieses reale Schauspiel sagte mehr aus über die Kraft der Empathie als reine Seminartheorie.

Vielleicht löst dieses Beispiel auch bei Ihnen einen Aha-Effekt aus. Wenn Ihre Frau in eine Krise gerät oder sich alleingelassen fühlt, dann können Sie schon jetzt in Gedanken durchspielen, welche neue Verhaltensweisen und Sätze Ihnen beiden helfen können, sich richtig zu verstehen. Zunächst einmal sollten Sie nichts voreilig sagen. Wenn Sie mit ihr sprechen, dann ist es sehr wichtig, dass Sie dabei die Gefühle Ihrer Frau anerkennen. Überlegen Sie, welche Gefühle sie gerade empfinden mag. Formulieren Sie Ihre Empathie, indem Sie vielleicht sagen: »Ich weiß, das tut so weh«, oder: »Das macht dir jetzt richtig Angst!« – und dann seien Sie einfach nur da und halten Sie Ihre Partnerin im Arm, bis es ihr wieder besser geht.

Situationen und Stimmungen unseres Partners verändern sich immer dann, wenn wir uns selbst verändern. Eine erste kleine Änderung zieht oft weitere Änderungen zum Guten nach sich. Seien Sie mutig und werden Sie aktiv. Experimentieren Sie und behalten Sie das bei, was zu positiven Resultaten geführt hat. Sorgen Sie dafür, Ihr Vertrauen beizubehalten, und verlängern Sie die Phasen, in denen das Vertrauen stark sein kann. Die meisten und besten Werkzeuge dafür besitze nicht ich, sondern Sie selbst. Sie sind es, der Ihre Frau besser als jeder andere Mensch der Welt kennt und der weiß, was ihr guttut, und der weiß, was Sie selbst brauchen.

Das ausgewogene Konto einer Partnerschaft

In jeder Ehe oder Partnerschaft gibt es ein sinnbildliches Konto, das genau verbucht, welche Kompromisse jeder der beiden Partner eingeht oder wann und wie oft er um welchen Preis vor dem anderen zurücksteckt.

Dieses Konto existiert in unserem Unterbewusstsein und wird daher jeden Menschen unbewusst immer wieder nach Ausgleich streben lassen. Dies geschieht in der Regel niemals berechnend, sondern aus Liebe und Respekt dem Partner gegenüber.

Stellen Sie sich vor, Sie hätten an drei aufeinanderfolgenden Wochenenden sehr wichtige Termine, die Sie ohne Ihre Frau wahrnehmen müssten. An Ihrem ersten freien Wochenende würde sich vermutlich eine innere Stimme erheben, die Ihnen sagt: »Jetzt ist aber mal wieder meine Frau dran.«

Das wäre ein Impuls zum Ausgleich, dem Sie sicherlich nicht nur aus einem schlechten Gewissen nachgehen würden. Hier wirkt immer unbewusst Ihr von Ihnen »überzogenes« Beziehungskonto am Ausgleich mit.

Es gibt Untersuchungen, nach denen etwa 95 Prozent der Beziehungen am Ende scheitern, in denen die Frau unfreiwillig eine Schwangerschaftsunterbrechung vornahm. Meist hatte der Partner ihr nicht signalisiert, über diese Schwangerschaft glücklich zu sein, oder die Frau glaubte grundsätzlich nicht an eine gelingende Elternschaft.

Eine solche unfreiwillige Schwangerschaftsunterbrechung gehört zu der Liste der »No-Gos« auf einem Beziehungskonto. Dabei spreche ich von Preisen, die ein Partner für eine Beziehung zahlt und die der andere nicht mehr ausgleichen kann. Eine solche Unterbrechung der Schwangerschaft ist demnach ein zu hoher Preis.

Nicht jede Belastung kann wieder ausgeglichen werden.

Wann immer es zu erheblichen Belastungen während oder außerhalb der Kinderwunschzeit kommt, wird sich sicherlich in Ihnen ein Instinkt zum Ausgleich regen. Es ist aber noch ein weiterer Aspekt ausschlaggebend: Je mehr Sie Ihre Frau lieben, desto stärker werden Sie sich unbewusst versichern wollen, ob ein Ausgleich in Zukunft wirklich noch möglich ist. Denn nur diese emotionale Ausbalan-cierung sichert den Fortbestand Ihrer Partnerschaft ab. Besonders dann, wenn durch eine medizinische Diagnose in Ihnen selbst die Ursache für einen unerfüllten Kinderwunsch festgestellt wurde. Eines Tages wird der Gedanke aufkommen können, ob Sie Ihre Frau nicht lieber frei geben sollten, weil sie sich so sehr ein Kind wünscht – und das können Sie ihr nicht schenken. Ab und an begegne ich Männern, die sich mit derartigen Gedanken quälen. Ich erkläre ihnen dann, dass es sich um normale Folgen der dauerhaften Belastungen handelt, die in diesem Fall sogar als gutes Zeichen zu werten sind: Denn es ist ja die Sorge um den Fortbestand der Partnerschaft, die uns dazu bewegt, von Zeit zu Zeit zu überprüfen, ob der innereheliche Kontostand nicht in einen existenzbedrohlichen Minusbereich gerutscht ist. Werten Sie solche aufkeimenden Gedanken als Zeichen Ihrer Sorgfalt und Ihrer Verantwortung für den anderen. Empfinden

Sie diese als Beweise der Liebe, die Sie für Ihre Partnerin empfinden.

Kurzum: Sehen Sie darin ein Qualitätsmerkmal Ihrer Partnerschaft. Auch wenn es Sie anfangs Über- windung kosten sollte, offenbaren Sie Ihrer Frau Ihre Zweifel. Es wird Ihnen beiden guttun und Sie enger zusammenrücken lassen. Sie werden erkennen, dass kein Partner »frei gegeben« werden muss oder will.

Sprechen Sie offen darüber.

»Ein Paar« zu sein, ist also eine ungemein kraftvolle Ressource auf dem Weg zum Kind. Es ist nicht immer selbstverständlich, dass man sich als Paar in dieses große Abenteuer begibt und es gemeinsam übersteht. In jedem Fall ist man nach einer solchen Kinderwunschzeit um einige Erfahrungen reicher. Und jede Erfahrung hat das Potenzial, eine echte Herausforderung für Sie beide als Team zu werden. Sie werden sie umso besser meistern, je solidarischer Sie dabei an einem Strang ziehen und je ehrlicher Sie miteinander kommunizieren.

Sexualität – sie ist eine weit wichtigere Ressource als jeder Kräutertee der Welt, jede alternative Therapie und jedes noch so wirkungsvolle Geheimrezept. Und eines liegt wirklich auf der Hand: Ohne gemeinsamen Sex werden Sie auf natürliche Weise gar nicht zeugen können. Unsere Sexualität ist daher die wichtigste Ressource.

Umso unbegreiflicher ist es mir, dass meist von keiner Seite hier wirklich angesetzt wird. Ich kenne keine Patientin, die mir berichtet hätte, dass ihr Gynäkologe mit ihr über die Notwendigkeit gesprochen hätte, häufig mit ihrem

Partner Sex zu haben. Stattdessen gibt es Zyklusmonito-rings und Hormonstatus.

Die Kinderwunschzentren scheinen sich darum ebenfalls nicht zu kümmern. Auch hier wird ein immenses Equipment in Bewegung gesetzt, eine Vielzahl an Diagnosen und weiteren Einsichten gewonnen. Der wichtigen Ressource Sexualität wird dabei kaum Beachtung geschenkt. Einzig die Paartherapeuten berichten, dass viele ihrer Klienten mit Problemen in der Partnerschaft (jenseits des Kinderwunsches) ihre Therapien vorzeitig abbrechen müssen wegen ungeplanter Schwangerschaften!

Hier stimmt etwas ganz gewaltig nicht. Ein Grund, dem Thema Sexualität besondere Beachtung zu schenken und Ihnen Folgendes ans Herz zu legen:

Schützen Sie ganz besonders als Mann diese zentrale Ressource als allererstes!

Lassen Sie sich nicht hineinreden! Folgen Sie Ihren kerngesunden Instinkten und dulden Sie keine Sexmuffeligkeit mehr. Die Erfolgsformel lautet etwa so: Haben Sie möglichst häufig lustgesteuerten Sex, ohne eine weitere Absicht als ihre gemeinsame körperliche Befriedigung.

Häufiger, lustgesteuerter Sex ohne weitere Absichten.

Überzeugen Sie Ihre Frau davon, dass diese Variante für Sie beide lustvoller ist, als Sexualität nach Fruchtbarkeitszyklen zu timen.

Über das wichtige Thema Sexualität werde ich noch ausführlicher im 5. Kapitel sprechen.

Körperliche Ressourcen der Zeugungskraft

Vermutlich werden Sie sich irgendwann selbst die Frage stellen, was Sie als Wunschvater tun können, um die Wahrscheinlichkeit einer Zeugung zu erhöhen. Kann Mann etwas tun, wenn ja, was, und vor allem, was ist sinnvoll und was weniger?

Aus den vielen Angeboten und den Erfolgsgeschichten ist es nicht immer leicht, etwas Passendes für sich selbst auszuwählen. Ich möchte Ihnen an dieser Stelle die kunterbunte Vielfalt an Möglichkeiten vorstellen, damit Sie sich besser zu orientieren wissen. Es existieren Ressourcen, die weit über populäre und kontrovers diskutierte Themen wie Mikroorganismen oder Lebensstilmodifikationen hinausgehen.

Ich bedaure es sehr, dass besonders aus medizinischer Sicht nicht viel Hilfe für unsere Wunschväter zur Verfügung steht. Der Mann erhält zwar eine Diagnose in Form von Laborbefunden des Ejakulats. Auch kann er anhand dieser Befunde und weiterer körperlicher Untersuchungen eine ungefähre Einschätzung seiner Zeugungsfähigkeit erhalten. Die Erfahrung lehrt uns allerdings, wie groß die Fehleinschätzungen hier sein können. Immer wieder zeugen Männer, deren Zeugungsfähigkeit medizinisch als ausgeschlossen galt, Kinder. Körperlich als absolut gesund eingestufte Paare können wiederum einen bislang unerfüllten Kinderwunsch haben. Wie soll man sich da noch zurechtfinden?, fragen sich verständlicherweise die meisten meiner männlichen Patienten. Im Laufe der Jahre habe ich gemeinsam mit ihnen ein wenig Licht ins Dunkel bringen können.

Während ich die Männer unterstütze, kann ich viel besser erkennen, welche Maßnahmen wirkungsvoll sind. Sehr oft berichten mir die Männer bei einem ersten Treffen, welche Ratschläge, Tipps und angeblich bewährten Mittel sie bereits ausprobiert hatten und welche Wirkung diese tatsächlich bei ihnen hatten. Nicht zuletzt habe ich das Glück, sie nochmals konkret befragen zu können, wenn eine Schwangerschaft eingetreten ist, was dazu führte, dass ich auch viel Praktisches lernen durfte. Und wie oft laufen hier Theorie und Praxis auseinander! Wie oft scheinen vielversprechende Ansätze einfach überhaupt nichts zu bewirken, während so manch andere, vielleicht ein wenig ungewöhnlich klingende Idee zu einem Baby-Erfolg führte.

Sich von der Erfahrung leiten lassen. Ich lasse Sie gern teilhaben an diesem von betroffenen Männern an mich weitergereichten Erfahrungsschatz. Sehen Sie die Tipps als Handwerkszeug aus dem Leben und nicht als wissenschaftlich verifizierte Studie.

Die Erfahrung bringt es an den Tag

Viele Väter berichten mir, dass sie das eine oder andere Präparat mit Mikroorganismen regelmäßig zu sich nehmen. Und obwohl es zu diesen Präparaten wirklich vielversprechende Studien gibt, ist es in meinem Praxisalltag eher die Ausnahme, dass jemand durch die Einnahme eine deutliche Verbesserung seines Spermiogramms erzielt hat. Möglicherweise wirken solche Präparate nicht bei allen Männern gleich gut.

Und dann wiederum gibt es Rezepturen, die *weder* aus der Überlegung heraus einen Sinn ergeben *noch* wirken. Am Ende sind sie nichts weiter als überflüssige und strapaziöse Maßnahmen einer ohnehin durch den Kinderwunsch belasteten Partnerschaft. Ich denke da an einen sehr eifrigen jungen Mann, der im Internet von einer Frau gelesen hatte, die schwanger geworden war, nachdem sie selbst und ihr Mann alle Hefeprodukte in der Ernährung abgesetzt hatten. Von dieser Idee war er vollkommen begeistert, woraufhin er alle Hefeprodukte für sich und seine Frau aus dem Speiseplan verbannte. Eine Hefediät auf Dauer ist ein massiver Eingriff in den Ernährungsalltag. Seit vier Jahren hatte das Paar darauf verzichtet. Es gelang mir leider nicht, beide zu überreden, es nun sein zu lassen. Ich konnte ihnen auch nicht vor Augen führen, dass sich nach vier Jahren ein sichtbarer Erfolg hätte einstellen müssen – entweder durch eine Schwangerschaft oder aber in Form einer verbesserten Spermienqualität, was durchaus passieren kann.

Es gibt also keine Patentrezepte! Wenn Sie Ihre Zeugungsfähigkeit verbessern möchten, müssen Sie sich selbst durch die vielen Möglichkeiten hindurchlavieren und ausprobieren, was Ihnen wirklich hilft und was weniger. Helfen können Ihnen auch die anderen Wunschväter mit ihren Erkenntnissen. Alles zusammen kann Sie dabei unterstützen, Ihre persönliche und individuelle Strategie mit ganz einzigartigen Bausteinchen zu entwickeln. Experimentieren Sie ruhig, aber bitte bewahren Sie sich dabei die Position eines kritischen und wachsamen Beobachters: Wenn Sie das Gefühl haben, das eine oder andere Spezialrezept könne Ihre Zeugungsqualität verbessern, dann kontrollieren Sie Ihre Wahrnehmung in regelmäßigen Abständen. Lassen Sie ein Spermiogramm anfertigen, probieren Sie Ihr ausgewähltes Mittel und lassen Sie anschließend ein zweites Spermiogramm erstellen. Ein solcher Versuch darf einige Monate dauern, nicht aber Jahre.

Männer dürfen mitmischen

Bisher sind es verstärkt die Frauen gewesen, die solche Ideen aufgegriffen haben. Meistens sind sie besser informiert als ihre Partner. Und sie stoßen immer wieder auf neue Ideen, die sie ausprobieren möchten.

Dabei stellt sich für sie auch das Problem, ihre Männer damit nicht nerven oder überfordern zu wollen. Sie möchten weder respektlos sein noch möchten sie es übertreiben. Doch sie finden und sammeln weiter, um ein weiteres sensationelles Geheimrezept an den Mann zu bringen.

Dabei wäre es konstruktiver, wenn Sie als Mann selbst entscheiden würden, was Ihre Fruchtbarkeit fördern kann. Das wäre eine stressmindernde Lösung, die sich positiv auf Ihre Beziehung auswirken könnte: Niemand muss Sie mehr zu etwas überreden, weil Sie in Zukunft selbst entscheiden!

Wenn alles durcheinander ausprobiert wird, sogar viele Rezepturen auf einmal, sodass man später nicht mehr feststellen kann, welches Mittel zum erwünschten Erfolg führte, erst dann verordne ich einen Stopp. Ich greife auch ein, wenn das eine oder andere Mittel längst hätte wirken müssen. Es gibt noch ein weiteres beliebtes Beispiel hierfür: die Nahrungsergänzungsmittel. Weist ein menschlicher Körper deutliche Mängel auf, dann kann er sich selbst nicht mehr optimal heilen oder »reparieren«. Das kennen Sie vielleicht: Es gibt Zeiten, in denen beispielsweise kleine Wunden langsamer heilen als sonst. Und es kann ein Unterschied sein, sich im Winter morgens beim Rasieren zu schneiden oder aber im Sommer. In der warmen Jahreszeit sind die physischen Heilkräfte größer, denn wir sind meist besser ernährt und auch mehr an der Sonne. Dementsprechend kann man sich mit einer vitaminreichen Ernährung und ein wenig Luft und Sonne in eine bessere Ausgangslage versetzen und damit auch die Zeugungsaussichten verbessern.

Studien belegen dies Phänomen. Auch wenn die Studien zumeist von den Herstellern der Nahrungsergänzungsmittel und Mikroorganismen in Auftrag gegeben werden, scheinen die Präparate bei einigen Männern zu funktionieren. Man hat ihnen über einen gewissen Zeitraum Vitamine und Mikroorganismen verabreicht, die zu einer Verbesserung der Spermienqualität führten.

Diesen Männern hat offensichtlich genau das gefehlt, was ihnen über die Mittel wieder zugeführt wurde. Hier geht man allerdings nach dem Prinzip »trial and error« vor, da sich selten davor ein Mann auf die fehlenden Stoffe hin untersuchen lässt.

Es ist wichtig, das zu wissen. Denn sonst versäumen Sie, während einer solchen Kur eine Pause einzulegen und nachzuspüren, ob die Ergänzungsmittel auf Sie positiv wirken. Eine solche Bilanz können Sie ungefähr nach drei Monaten ziehen. Am besten lassen Sie Ihre Spermienqualität vor der Einnahme untersuchen und nach dieser Frist ein weiteres Mal. So werden Sie genau wissen, ob das jeweilige Präparat Ihnen hilft oder nicht.

Gehen Sie in dieser Zeit bitte besonnen und strategisch vor. Ein jeder Schritt, den Sie unternehmen, sollte angemessen und gut beobachtet sein. Wägen Sie das bitte selbst mit Ihrem gesunden Menschenverstand ab. Sollten Sie Ihre Sitzheizung für eine gewisse Zeit nicht mehr benutzen wollen, so wird dies nicht unbedingt ein adäquater Anlass sein, um die Auswirkung dieser Veränderungen durch Spermiogramme zu belegen. Bei einigen Arzneimitteln kann dies durchaus notwendig sein.

Die herkömmliche Medizin kann Ihnen zu diesem Zeitpunkt noch nicht viel bieten, damit sich Ihre Zeugungsfähigkeit verbessert. Die Konsequenz ist dabei, dass Sie aus Mangel an Alternativen Ihr eigenes Versuchskaninchen sein müssen.

Eine gut durchdachte Strategie der kleinen Schritte.

Zunächst sollten Sie dabei feststellen, welche möglichen Fruchtbarkeitsressourcen durch Ihre Eigeninitiative ausgebaut werden können. In meiner Praxis versuche ich gemeinsam mit den Wunscheltern herauszufinden, welche weiteren Ressourcen existieren könnten, um die Fruchtbarkeit erhöhen. Und auch hier geht man einen Schritt nach dem anderen, so gelassen und unvoreingenommen wie möglich.

Wenn sich ein Paar in dieser Phase schon umfangreich ausprobiert hat und über längere Zeiträume mehrfache Niederlagen zu verkraften hatte, erlebe ich oft, dass es den Absprung nicht mehr schafft und medizinische Hilfe in Anspruch nimmt. Wenn Sie bei all den selbst initiierten Maßnahmen wirklich den Überblick behalten, werden Sie sicherlich den Zeitpunkt erkennen, wann Ihre Möglichkeiten erschöpft sind und es zusätzlicher Hilfe bedarf. Viele Paare verpassen diesen Zeitpunkt.

Ziehen Sie wenn nötig medizinische Hilfe hinzu.

Es mag auch sein, dass die Entscheidung, medizinische Unterstützung hinzuzuziehen, für viele Paare einen zu großen Schritt bedeutet, der Angst auslöst. Denn nun scheint das Projekt Kinderwunsch nicht mehr der eigenen Kontrolle zu unterliegen. Aber auch hier gibt es weitaus mehr Möglichkeiten, als die meisten wissen. Auch diese Schritte können angemessen, eigenverantwortlich und mit gesundem Menschenverstand unternommen werden.

Ursachen für eine verminderte Zeugungsfähigkeit

Bleiben wir bei einer ganz einfachen und recht nüchternen Betrachtung, wie Sie Ihre Zeugungsfähigkeit verbessern können: Körperlich sollten Sie möglichst gesund sein!

Hier meine ich in erster Linie die Gesundheit der Fortpflanzungsorgane, obwohl sich ein geschwächter Allgemeinzustand auch auf die Zeugungskraft auswirken kann.

Die Regel sind und bleiben aber gesunde Männer, denen ich während ihrer Kinderwunschzeit begegne.

Falls einer der folgenden Sachverhalte jedoch auf Sie zutrifft, sollten Sie bitte einen entsprechenden Facharzt hinzuziehen.

Schwerwiegende chronische Erkrankungen
Es gibt einige chronische Erkrankungen, die eine Zeugung erschweren können. Hierzu zählen beispielsweise Diabetes und andere Stoffwechselerkrankungen, Parkinson, multiple Sklerose und Erkrankungen der Schilddrüse.

Besprechen Sie in diesem Fall unbedingt mit Ihrem Spezialisten auch Ihren Kinderwunsch.

Medikamente
Es gibt auch zahlreiche Medikamente, die Ihre Fortpflanzungsfähigkeit beeinflussen können. Bitte lesen Sie, falls Sie regelmäßig Medikamente zu sich nehmen müssen, aufmerksam den Beipackzettel und besprechen Sie auch dies mit Ihrem behandelnden Spezialisten.

Anomalien
Fehlender Hoden, Hodenhochstand, fehlende Spermien, Zustand nach Hodenkrebs und Strahlenbehandlungen zählen zu sogenannten Anomalien.

Sollten Hoden fehlen oder über einen langen Zeitraum überhaupt keine Spermien produzieren, gibt es in einigen Fällen die Möglichkeit, durch eine Punktion Hodengewebe zu entnehmen und daraus Spermien zu gewinnen. Dieses Verfahren wird als TESE bezeichnet, Testikuläre Spermienextraktion.

Vorgeschichte
Zurückliegende schwer wiegende Geschlechtskrankheiten wie Syphilis, Tripper oder Feigwarzen können die Zeugungsfähigkeit beeinträchtigen.

Mumps
Oft begegne ich Männern, die davon ausgehen, dass eine Mumpserkrankung in der Kindheit die Ursache für ihre mangelnde Spermienqualität sei. Allerdings ist dies meist eine reine Vermutung. Noch in meiner Kindheit hatten wir fast alle Mumps. Zu der Zeit hieß es, man müsse aufpassen, dass der Mumps nicht auch auf die Hoden übergehe. Eine solche Hodenentzündung muss nicht zwangsläufig die Folge einer Mumpserkrankung sein. Ein Junge mit einer Hodenentzündung wird sich als erwachsener Mann mit Sicherheit daran erinnern können, denn diese Komplikation geht mit der Schwellung mindestens eines Hodens einher und ist äußerst schmerzhaft.

Von diesen Fällen, in denen die Hodenentzündung eine Komplikation des Mumps war, nimmt man an, dass etwa 13 Prozent der Betroffenen später Zeugungsprobleme haben können.

Schnell kann der Mumps an sich als Ursache für ein suboptimales Spermiogramm herangezogen werden – oft zu Unrecht.

Dadurch können viele Männer aufgeben, weiter nach anderen Ursachen oder Zusammenhängen zu forschen, wo man ihnen doch diese Erkrankung als »Übeltäter« anbietet. Das ist dann so, als würde man sagen: »Da kann man halt nichts machen, diese Weichen wurden schon in meiner Kindheit gestellt.«

Meistens werden wir keine wirklich stichhaltige Erklärung für eine schlechte Spermienqualität erhalten, das ist gewiss. Die Tatsache einer Mumpserkrankung sollte den Wunschvater nicht dazu verleiten, sich mit einer eingeschränkten Zeugungsfähigkeit einfach zu arrangieren.

Varikozele
Viele Männer haben Krampfadern in ihren Hoden, die man als Varikozele bezeichnet. Betroffen sind Väter mit eigenen Kindern ebenso wie Männer, die noch nicht gezeugt haben. Stellt ein Androloge eine Varikozele fest, so wird er auf die Möglichkeit einer Operation hinweisen. Doch sollte man wissen, dass dieser medizinische Eingriff im Hinblick auf eine erhöhte Schwangerschaftsrate bis heute kontrovers diskutiert wird. Die Operationsrisiken gehen über die üblichen Narkoserisiken hinaus bis hin zum völligen Verlust der Zeugungsfähigkeit. Die Erfolgsaussichten sind daher als gering einzuschätzen.

Einige sehr wenige Männer haben sogar nach der Operation über Jahre hinweg ziehende Schmerzen. Während eines Kinderwunschseminars in der Schweiz, bei dem wir auch über die Möglichkeit einer Varikozelen-Operation sprachen, gestand einer der teilnehmenden Männer, dass er sich diesem Eingriff niemals wieder unterziehen würde, denn er leide bis heute unter Schmerzen. Selbst das Sitzen hier in der Runde sei schmerzhaft für ihn – obwohl die Operation vor vier Jahren gewesen sei.

Das war damals auch mir neu, und ich sagte: »Da hast du ja regelrecht Pech gehabt.« Ein weiterer Mann meldete sich aus der Runde und sagte: »Dann habe wohl auch ich Pech gehabt, denn mir ergeht es ebenso. Meine Operation liegt nun mehrere Jahre zurück, und auch ich habe permanent Schmerzen.«

Es ist schwer für mich, ein generelles Fazit aus diesen Erfahrungsberichten zu ziehen. War das Zufall, dass hier zwei Betroffene saßen, die die Ausnahme von der Regel darstellten? Könnte es sein, dass die Schweizer Ärzte andere Operationsmethoden haben? Ich kann es nicht beurteilen, aber in diesem Zusammenhang müssen auch die »Unglücksfälle« erwähnt werden.

Nutzen und Risiken einer solchen Operation sollten genauestens abgewogen werden, nachdem man sich fachliche Meinungen dazu eingeholt hat.

Manchmal habe ich das Gefühl, als würden einige Männer sich zu dieser Operation entschließen, um das Paar-Konto wieder unbewusst auszugleichen: Meist haben sich ihre Partnerinnen zu diesem Zeitpunkt oft schon vielen medizinischen Verfahren unterzogen. So kann es dazu kommen, dass sich eine Stimme in ihnen regt, die ihnen weismachen möchte: »Wenn meine Frau so viel auf sich nimmt, dann bin jetzt auch ich mal dran – und zumindest kann es dann an den Varikozelen nicht mehr liegen.«

Dies aber sollte auf keinen Fall die Motivation sein, falls man sich entschließ, sich diesem Eingriff zu unterziehen.

Infektionen und Pilzerkrankungen

Es kommt häufig vor, dass ein bakterieller Befall des Ejakulats nur zufällig diagnostiziert wird. Meistens wird die Infektion erst in der Kinderwunschklinik bemerkt, in der die Untersuchung des Ejakulats zur Routineerhebung gehört. Viele Paare haben zu diesem Zeitpunkt schon sehr lange versucht, auf natürlichem Wege schwanger zu werden, so lange, bis sie aufgegeben hatten und sich als letzte Möglichkeit in einem Fachzentrum vorstellten. Es ist wirklich schade um die verloren gegangene Zeit, denn ein bakterieller Befall schränkt in der Tat die Spermienqualität ein und ist doch vergleichsweise leicht zu therapieren.

Manchmal kann auch eine meistens lange zurückliegende Infektion der Partnerin die Ursache sein, bei der nur die Frau behandelt wurde. Ich kann hier folgenden Ratschlag geben: In Zukunft sollte man auch immer um die Mitbehandlung des Partners bitten, selbst wenn nur ein Partner an einer Infektion leiden sollte.

Es gibt weitere Symptome, die auf eine Infektion hinweisen können: Blut im Ejakulat, ein Brennen beim Wasserlassen oder sogar ein verdrehter Harnstrahl.

Bei einem solchen Verdacht sollte man unverzüglich einen Urologen aufsuchen, auch wenn die Symptome lange zurückliegen. Die Symptome verschwinden zwar meist von selbst wieder, aber genau das ist auch das Tückische daran: Die Infektion wird chronisch, wodurch die Spermienqualität in hohem Maße beeinträchtigt werden kann.

Nicht wenige Männer leiden unter wiederkehrenden Harnwegsinfektionen oder chronischen Pilzerkrankungen. Sie scheinen bei Männern mit einem unerfüllten Kinderwunsch häufiger aufzutreten als bei Männern mit Kindern. Es erstaunt mich immer wieder, wie stoisch ein Mann diese körperlich unangenehmen Infektionen bisweilen ertragen kann. Da erhalte ich dann Anrufe von Frauen, die verzweifeln: »Was soll ich nur tun? Mein Mann sitzt ohne Unterhose im Wohnzimmer auf dem Sessel, hat das Fenster geöffnet und hält einen Kühl-Akku an seinen Penis. Er sagt, er könnte vor Schmerzen die Wände hochgehen. Die Eichel ist gerötet und die Haut ist entzündet, sodass sie stellenweise nässt.« Auf meine Gegenfrage: »Warum ist er nicht beim Arzt?«, erhalte ich dann sinngemäß folgende Antwort: »Da war er schon vor einigen Jahren. Aber das hat nicht wirklich geholfen. Seitdem bekommt er das alle paar Monate mal und behilft sich mit dem Kühl-Akku.«

Eine Frau würde sich dem Leidensdruck in einem solchen Ausmaß nicht aussetzen. Bei den ersten Anzeichen einer Infektion hätte sie ihren Gynäkologen oder ihre Gynäkologin aufgesucht.

Für Männer gibt es analog dazu einen solchen »Männerarzt« nicht. Und sie können auch nicht auf die Tradition zurückgreifen, regelmäßig einen aufzusuchen, so wie Frauen es aus einer Selbstverständlichkeit heraus tun. Diese Tradition bildet sich momentan erst aus.

Jetzt aber heißt es zusammenfassend: Sich für sich selbst und seine Zeugungsgesundheit zu engagieren. Bei jedem noch so kleinen Verdacht auf eine Infektion oder Affektion der Urogenitale sollte man unverzüglich einen Urologen aufsuchen. Bei jeder diagnostizierten Genitalinfektion der Partnerin heißt es, mit den gynäkologischen Befunden der Frau in der Tasche den Urologen zu konsultieren.

Und noch etwas: Sobald ein Paar beschließt, ein Baby zu bekommen, ist der erste Gang der zum Andrologen!

Ich empfehle, diesen dringend zu Beginn des Kinderwunsches zu tun, also lange bevor auch nur ein einziger medizinischer Handgriff an der Frau vorgenommen wird!

Ernährung und Zeugungswahrscheinlichkeit

Eines werde ich aus gutem Grund *nicht* tun: Sie als Mann mit ellenlangen Tabellen quälen, die Sie womöglich mehr verwirren können als für Klarheit zu sorgen. In meiner Praxis erlebe ich Kinderwunschpaare, die sich an ihrem Diätplan regelrecht festklammern. Der lustbetonte Charakter der Ernährung gerät dabei vollkommen in den Hintergrund.

Es scheint einfach zu viele Möglichkeiten zu geben, die es offenbar wert sind, am eigenen Leib ausprobiert zu werden. Und es kommen ständig neue hinzu. Derzeit wird beispielsweise darüber diskutiert, wie stark koffeinhaltige Getränke die Spermienqualität beeinflussen können, und ich befürchte, dass diese auch prompt von den Einkaufslisten vieler Haushalte gestrichen wurden und werden.

Es gibt noch viele Beispiele: Auf einmal werden Nahrungsergänzungsmittel mit Mikroorganismen gepriesen – dann wieder spricht man über einen Test zur Ermittlung der Spermienqualität, der zuhause durchgeführt werden kann – der allerdings wegen seiner Ungenauigkeit umstritten ist. Studien erinnern einen wieder daran, sein Handy nicht in Cowboymanier am Gürtel zu tragen, da einige arme Versuchsspermien über Nacht neben einem Handy platziert wurden und dadurch am nächsten Morgen deutlichen Schaden genommen hatten. Aber Handy am Gürtel ist auch aus modischen Gesichtspunkten nicht mehr en vogue – kein Grund zur Aufregung also. Die Liste könnte noch Seiten weiter geführt werden.

Permanent tauchen neue Ideen zur Veränderung der Lebensweise und Ernährung auf, und sie vergehen so schnell, wie sie gekommen sind. Fast alle werden kontrovers diskutiert und es gibt keine echte Garantie für den Erfolg einer Rezeptur. Sicher ist nur eines: Wenn Sie sich nach allen neuen Trends richten, wird am Ende nichts mehr übrig bleiben, was Sie wirklich guten Gewissens zu sich nehmen können – wahrlich keine angenehmen Aussichten.

Bitte nicht übertreiben!

In meiner Praxis erlebe ich das in der ein oder anderen Variante meist so: Meine – natürlich nichtrauchenden – Patienten steigen mit einer Flasche Mineralwasser in der Hand aus dem Auto. In der Praxis bereite ich mir selbst eine aromatische Tasse Kaffee zu und meinen Klienten einen der vielen Kräutertees, die ich für sie bereithalte. Da ich oft nicht weiß, welche dieser Tees gerade besonders beliebt sind, entführe ich ab und zu eine meiner Klientinnen in meinen Kleinstadtsupermarkt. Dort packe ich alles in den Einkaufswagen, was diese mir als geeignet empfiehlt.

Die meisten bevorzugen aber nur Wasser, daher stelle ich zwei oder drei verschiedene Wassersorten für sie bereit.

Im letzten Jahr begann ich sie zu verführen: mit einer großen Auswahl verschiedenster Säfte, ungefähr fünf bis neun Sorten in kleinen Flaschen. Zu denen greifen sie dann schon eher, allerdings mit einer Mimik, die mir signalisiert, dass sie sich das jetzt aber wirklich nur ausnahmsweise gönnen.

Auf meinem Tisch steht oft ein Schälchen mit Süßigkeiten. Die Reis-Cracker für meine Kinderwunschpaare halte ich für den Notfall in einer Schublade bereit. Da sie um die Notfallschublade nicht wissen, erlauben sie sich durchaus ein Stückchen Süßes, auch wenn sie diese »Tat« als Sünde empfinden.

Natürlich gibt es auch viele Paare, die ihre übliche Ernährung auch während der Kinderwunschzeit beibehalten.

Da ich um die erzwungene Ernährungsumstellung der Paare weiß, möchte ich immer erfahren, wie massiv der Kinderwunsch schon in ihre Ernährungsweise eingegriffen hat. Weitaus wichtiger ist jedoch, ob diese Maßnahmen ihres Erachtens schon zu deutlichen Erfolgen geführt haben. Damit meine ich nicht gleich eine Verbesserung der Spermienqualität. Es genügte mir schon, wenn meine Patienten sagen würden: »Das wissen wir nicht genau, aber wir essen die gesunden Lebensmittel wirklich gerne.« Oder wenn sie mir berichten könnten, dass sie entweder eine schöne Haut davon bekommen hätten oder mehr Lust auf Sex. Mit derartigen Rückmeldungen gäbe ich mich zufrieden. Diese bleiben leider in der Regel aus. Stattdessen vermitteln mir besonders die Frauen den Eindruck, stolz darauf zu sein, ihren Kinderwunschdiätplan tapfer durchzuhalten, fast so, als würde man sich durch kulinarische Askese eine Empfängnis regelrecht verdienen können.

Das funktioniert nicht. Es ist einfach schade, wenn die sinnliche, lustvolle Komponente des Essens dadurch verloren geht. Das empfinden viele Kinderwunscheltern genauso, doch tappen sie dennoch regelmäßig in diese Falle. Einige Paare kommen zu mir in die Praxis, während sie sich mitten in der Phase befinden, wo sie die Empfängnis über eine strikte Ernährung beschleunigen wollen. Andere begegnen mir erst später, wenn sie diese Phase bereits hinter sich haben – und sehr darüber erleichtert sind. Im Nachhinein bedauern auch sie all die Entbehrungen. Doch geben sie auch zu, dass man sich erst auf diesem Gebiet sehr anstrengen möchte, um das Gefühl zu haben, wirklich alles getan zu haben.

Vermutlich werden Sie ähnlich emp- Ernährung und Zeugungs-
finden. Versuchen Sie also Ihr Glück, wahrscheinlichkeit bedingen
aber gestalten Sie diese Phase so kurz sich nicht zwangsläufig.
wie möglich und kontrollieren Sie immer wieder, ob die Ernährungsumstellung Ihnen auch wirklich hilft.

Sie sollten wissen, dass sich die Ergänzung bestimmter Vitamine und Mineralien tatsächlich nur bei wenigen Männern deutlich positiv auf ihre Spermienqualität auswirkt. Fassen wir zusammen: Gehen Sie strategisch vor, was Ihnen als Mann besonders gut liegt. Wie wir bereits wissen: Setzen Sie sich einen Zeitraum, für den Sie bereit sind, einen solchen Versuch durchzuführen. Fertigen Sie zuvor ein Spermiogramm an und nach Ablauf dieses Zeitraumes ein zweites. Danach können Sie Ihre Strategie beibehalten oder neu ausrichten.

Außerhalb einer klar definierten Versuchszeit sollte die Veränderung der Ernährungsweise ausschließlich Ihrer Gesundheit im Allgemeinen dienen.

Vermischen Sie dabei Ihre Absichten auf kei- Ernährung vom
nen Fall mit der Hoffnung auf einen erfüllten Kinderwunsch
Kinderwunsch. Jeder Verzicht in Hinblick auf abkoppeln.
das ersehnte Kind wird Ihnen hinterher die Erinnerung an die Kinderwunschzeit vergällen.

Ausnahmen bestätigen die Regel

Fastfood-Junkies
Es gibt durchaus Männer, denen eine vitamin- und mineralienreiche Ernährung guttun würde. Das sind diejenigen unter Ihnen, die einfach an keiner Imbissbude vorbeigehen können, ohne ordentlich zuzuschlagen. Dieser Typ Mann wird vielleicht noch gerne und regelmäßig zu Mittag zusätzlich ein Gläschen Wein oder ein gepflegtes Bier konsumieren und gleichzeitig alles vermeiden, was mit Bewegung, Luft und Sonne sowie Obst und Gemüse zu tun hat. Wenn das auf Sie zutrifft, dann würde sich Ihre persönliche Konstitution sicherlich verbessern, wenn Sie leichten Verzicht üben würden.

Sportler
Sport in Maßen ist gesund. Eine deutliche Beeinträchtigung der Spermienqualität fand man interessanterweise nur bei Extremsportlern, wie wissenschaftliche Untersuchungen belegen. Ein Mineralienmangel oder eventuell auch die Verwendung von Anabolika können dabei eine Rolle spielen. Insbesondere Anabolika haben einen nachgewiesenen negativen Einfluss auf die Spermienqualität.

Anabolika beeinträchtigen die Spermienqualität.

Aber nicht nur Leistungssportler, sondern auch Männer, die in Topform sind und viel Sport treiben, können durch übermäßiges Schwitzen – verstärkt auch im Sommer – Mineralien verlieren. Um einem Mangel vorzubeugen, ergänzen Sie deshalb nach sportlicher Anstrengung diese Mineralien so, wie Sie es auch zu tun pflegen, nachdem Sie beispielsweise eine Sauna aufgesucht haben: Essen Sie etwas Salziges, gönnen Sie sich einen Rollmops oder eine Delikatessgurke zwischendurch oder erweitern Sie Ihr Mittagessen um eine gute Bouillon als Vorsuppe. Stellen Sie sich ein Mineralienprodukt bereit, in dem alle vom Körper benötigten Stoffe enthalten sind, und ergänzen Sie nur nach Bedarf. Mehr zum Thema Sport erfahren Sie im Unterkapitel Sport.

Gestörte Aufnahme von Vitaminen und Mineralien
Einige wenige Menschen können bestimmte Vitamine und Mineralien nicht selbst produzieren oder sie aus der Nahrung aufnehmen. Hierzu zählen Menschen mit chronischen Darmerkrankungen. Wenn Sie hiervon betroffen sind, dann wissen Sie das in der Regel. Selbstverständlich müssen Sie gezielt ergänzen, in erster Linie Ihrer körperlichen Gesundheit wegen.

Sich die Lust an sinnlichen Genüssen bewahren

Ich möchte Sie sicherlich nicht darin bestärken, frühmorgens schon eine erste Portion Pommes frites an einem Imbiss zu verzehren. Die Kinderwunschväter, denen ich begegne, sind weder übergewichtig noch ernähren sie sich miserabel. Die Mehrzahl von ihnen ist gesund, nur leider ein wenig strapaziert von den vielen Diätideen.

Mir liegt es am Herzen, Ihnen allen wieder in Erinnerung zu rufen, dass Essen mit Lust zu tun haben sollte. Sie sollten in einen knackigen Apfel ebenso lustvoll hineinbeißen dürfen wie in ein saftiges Steak. Das Wasser sollte Ihren Durst löschen, ein Glas Wein Ihre Sinne anregen. Krönen Sie Ihr Mettbrötchen mit einer Portion Zwiebeln und einer Prise Salz und Pfeffer. Und wenn Sie das nächste Mal in einem Bierzelt sind, dann genießen Sie in vollen Zügen eine ordentliche Haxe, wenn es Sie nach ihr gelüstet.

Ernähren Sie sich mit Freude. Wie könnte das konkret aussehen? Halten Sie beispielsweise unterwegs mit dem Auto an, wenn Sie einen Kirschbaum mit knallroten Früchten sehen. Klettern Sie wie in Ihrer Kindheit hinein und schlagen Sie sich Ihren Bauch voll, bis nichts mehr hineingeht. So verbinden Sie Ernährung mit fröhlichen Erfahrungen und haben sich nebenbei reichlich Vitamin B und C zugeführt.

Besorgen Sie sich eine Portion frisches, herzhaftes Sauerkraut, stellen Sie es einladend in den Kühlschrank und naschen Sie ab und an davon. Damit bekommen Sie Ihren Zinkmangel in den Griff, den viele Menschen heutzutage haben. Stellen Sie sich ein Glas Salz-Dill-Gurken daneben.

Essen Sie nicht einfach nur Abendbrot. Finden Sie immer zuerst heraus, worauf Sie wirklich Appetit haben, und belegen Sie Ihr Brot erst dann. Laufen Sie gegebenenfalls noch mal los und besorgen Sie sich genau das, was Ihnen jetzt die größte Sinnenfreude machen würde. Bereiten Sie sich Ihr persönliches Brot der Superlative vor.

Ernähren Sie sich abwechslungsreich und lustvoll!

Ich möchte Sie motivieren, Ihrem Ernährungsplan etwas hinzuzufügen, anstatt ihn allmählich immer weiter zu reduzieren. Brechen Sie also aus dem Gewöhnlichen aus, genießen Sie das Essen, zelebrieren Sie es und haben Sie Spaß daran.

Essen Sie am besten jetzt schon so wie später, wenn Ihre Kinder mit Ihnen am Tisch sitzen werden. Diese hätten gewiss nicht immer Lust auf Grünkern-Dinkel-Plätzchen, Wasser und Reis-Cracker, sondern würden auch mal eine Puddingschüssel ausschlecken und die knusprige Haut vom Brathähnchen stibitzen wollen.

Rauchen und Alkohol sind Themen, über die Zigaretten häufig gestritten wird, und meistens sind Frauen in und Alkohol diesen Bereichen mit ihren Reglementierungen federführend.

Sollten Sie Kettenraucher sein oder zu übermäßigem Alkoholkonsum neigen, wird eine Auseinandersetzung in jedem Fall notwendig sein, ganz unabhängig davon, ob Sie beide einen unerfüllten Kinderwunsch haben oder nicht.

Solange wir jedoch von einer Genusszigarette sprechen und von einem guten Glas Wein zum Abendessen oder auch mal von einer feucht-fröhlichen Party zwischendurch, empfehle ich Ihnen, die Themen Rauchen und Alkohol aus allen Kinderwunschgedanken herauszunehmen.

Die Gefahr besteht hier wohl mehr in den oft endlosen Diskussionen, die Sie jedes Mal bei jeder Zigarette und bei jedem Glas Wein führen müssen. Während eines Seminars erlebte ich in einer Pause, wie eine junge Frau ihrem Mann, der sich gerade mit mir unterhielt, äußerst empört die Zigarette aus der Hand riss und sie wütend vor ihm – und vor allen anderen – austrat. Natürlich war das eine überzogene Reaktion, die der emotionalen Belastung geschuldet war.

Viele Frauen gehen nicht so weit, auch wenn manche gern zu drastischeren Maßnahmen greifen würden. Stattdessen diskutieren sie lieber oder senden subtile Kritik über Blicke aus – aus der besten Absicht natürlich.

Der Schaden ist demnach innerhalb der Partnerschaft meist viel größer als der, den eine Zigarette anrichten kann. Auch hier sollten Sie als Mann dem folgenden Grundsatz treu bleiben: Bleiben Sie im Genuss!

Von Cannabis dagegen weiß man, dass ein regelmäßiger und starker Konsum die Beweglichkeit der Spermien beeinflussen kann.

Sauna, Sitzheizungen und Fahrradsattel

Nicht nur bei der Ernährung kursieren viele abenteuerliche Theorien. Die gemeinsame, ihnen allen zugrunde liegende Idee ist, dass aufgrund von Wärme, Strahlung oder verminderter Durchblutung die Spermien selbst oder aber deren Neuproduktion geschädigt werden könnte.

Seit Jahren werden neue, vermeintliche Spermien-Qualitätsverbesserer kontrovers diskutiert, ohne dass man zu einem eindeutigen Pro oder Kontra gelangt. Es lohnt daher kaum, sich lange und ernsthaft darüber Gedanken zu machen.

Dennoch klammern sich viele Kinderwunschpaare an jede neue Hoffnung, die eine Umstellung mit sich bringt. Ganz vorne stehen hier das Verbot von Saunabesuchen und von Sitzheizungen, da die so dringend benötigten Spermien durch die kurzzeitig entstehende Erwärmung der Hoden womöglich Schaden nehmen könnten. Und Ihre Frau mag in Sorge geraten, wenn Sie am Wochenende zu einer ausgedehnten Fahrradtour antreten möchten. Studien haben festgestellt, dass nach ein oder zwei Stunden im Sattel die Hoden sich mehr als ein Grad erwärmen können, was allerdings keinerlei Auswirkungen auf die Spermienqualität hat.

Insgesamt können wir folgendes Fazit ziehen: Diese kleinen Nebenbaustellen bringen Sie nicht ein Stück weiter in Ihrem Vorhaben, Ihr Zeugungspotenzial auszuschöpfen. Sie lenken dabei Ihre Aufmerksamkeit von den wesentlichen Dingen Ihrer Partnerschaft ab: Ihrem Glück und Ihrer Gelassenheit.

ÄRZTE, FUNKER, KAMPFPILOTEN

Männer, die beruflich viel mit Funk, Strahlen und Mikrowellen zu tun haben, riskieren tatsächlich eine Beeinträchtigung ihrer Spermienqualität. Im Falle eines Kinderwunsches sollten sie sich Gedanken darüber machen, ob es möglich ist, in strahlungsarme Arbeitsbereiche überzuwechseln. Gewöhnlich aber wissen die Betroffenen selbst sehr genau, welches gesundheitliche Risiko mit ihrem Beruf einhergeht, und gehen zuweilen sehr kreativ mit diesem Umstand um. So begegnete ich beispielsweise einem Berufsfunker, der schon in frühen Jahren Spermien kryokonservieren, sprich einfrieren, ließ.

Diese Fälle stammen meist aus der Vergangenheit, in der die Sicherheitsvorkehrungen in der Arbeit weniger streng waren, als sie es heute sind.

Ein längst pensionierter Kampfpilot, der jahrelang eine MIG geflogen war, zeigte mir einmal seinen Brustkorb, dessen sonst recht kräftige Behaarung eine kreisrunde unbehaarte Fläche von ungefähr 25 Zentimetern im Radius aufwies. Er sagte mir dazu: »Genau in dieser Höhe waren meine Funkgeräte platziert.« Glücklicherweise hatte er schon in jungen Jahren zwei wunderbare Kinder gezeugt.

Ressource Sport

Regelmäßiger Sport stärkt das körperliche Wohlbefinden, kleine Zipperlein kurieren sich schneller aus, und die Seele scheint insgesamt mehr zu lachen und belastbarer zu sein.

Insbesondere schwedische Forscher konnten nachweisen, was wir ohnehin schon immer fühlten: Wann immer an irgendeiner Stelle sich neue Muskelfasern bilden, wird der ganze Körper förmlich von diesem Impuls der Neubildung angesteckt. Nicht ein immenses Trainingsprogramm ist dafür ausschlaggebend, sondern vielmehr immer wieder kleinere Impulse zur Regeneration zu setzen.

Herzpatienten beispielsweise, die kurz nach einer Operation noch keinen Sport betreiben konnten, gab man Geräte, durch die man durch wiederholtes Zudrücken die Muskulatur von Hand und Fingern leicht trainierte. Man stellte fest, dass die Patienten schneller heilten. Die Wundheilung und die Regeneration des Gewebes waren förmlich »angesteckt« worden von einem Impuls, der von der gestärkten Fingermuskulatur aus gesetzt worden war.

Die Regeneration der Spermatogenese, also des Aufbaus der Spermien, funktioniert mit großer Wahrscheinlichkeit nach den gleichen Gesetzen.

Die Lösung für unsere Ressource »Sport« lautet also für Sie als Kinderwunschvater: Bewegen Sie sich. Auch nur ein geringer Impuls reicht zur Muskelneubildung aus, und der Körper wird generell   Den Körper in eine
in eine regenerierende Gesamtsituation   Aufbau-Situation bringen
gebracht. Laufen Sie lieber fünfmal täglich die Treppe hinauf, als sich alle 14 Tage bei einem Langstreckenlauf völlig zu verausgaben. Ein maßvolles, aber regelmäßiges Training ist einfach effektiver.

BEWEGUNG IN JEDER LEBENSLAGE

Bewegen Sie sich »kreativ«: Sprinten Sie doch einmal am Tag dort, wo es sich gerade ergibt: an der Haltestelle dem Bus hinterher oder die Treppen ins Büro hoch. Greifen Sie sich ein Buch aus dem Regal und gebrauchen Sie es zwei Minuten lang als Hantel. Stemmen Sie Ihren Laptop mit gestreckten Armen so lange, bis die Muskeln zu brennen beginnen. Oder joggen Sie morgens den kurzen Weg zum Bäcker. Tun Sie dies Ihnen und Ihrer Gesundheit zuliebe.

Wenn Sie außerdem dafür sorgen, ausreichend Licht, Luft und Sonne abzubekommen, genug zu schlafen und abends Ihre beruflichen Probleme abzuschalten, dann haben Sie damit schon alles getan, um Ihren Körper vital zu halten – und Ihre Spermienqualität wird sich optimal entwickeln können.

4. Kapitel

Der unerfüllte Kinderwunsch im Alltag

Solange Sie Ihre Zuversicht in der Kinderwunschzeit über längere Phasen bewahren können, dürfte ein großes Maß an Lebensqualität in Ihr Leben zurückkehren (siehe Kapitel 3).

Dennoch ist der Alltag mit einem unerfüllten Kinderwunsch mit kleineren und größeren Fallen ausgelegt, in die man unvermittelt tappen kann. Für manche scheint es tatsächlich keine Lösung zu geben, für einige dafür sicherlich.

Die Lösungen, die manche Paare gefunden haben, um aus einem Fettnapf ein -näpfchen zu machen, kann Ihnen helfen, selbst neue Wege einzuschlagen.

Ein Wunsch entsteht

Ein Klassiker: Menschen verlieben sich ineinander und gelangen bald zu der Gewissheit, ihr weiteres Leben gemeinsam und später mit Kindern verbringen zu wollen. Und oft hören wir aus der elterlichen Generation von Fällen, in denen eine überraschende Schwangerschaft so manche Ehe früher als geplant schließen ließ.

Heutzutage ist das anders. Die Einführung wirksamer Verhütungsmittel wie die »Pille« verstärkte die Aufklärung insbesondere über die fruchtbaren Phasen im weiblichen Zyklus. Der Anspruch auf Bildung auch als Frau hat schließlich dazu geführt, dass man sich von Schwangerschaften nicht mehr überraschen lässt. Wann eine Frau ein Kind will, plant sie heute gezielter.

Der Kinderwunsch entwickelt sich dabei nicht einfach aus einem unfehlbaren Gefühl heraus. Er ist in weitaus mehr Optionen und Zusammenhänge eingebettet als noch vor 50 Jahren. Für die neue, zeitgemäße Art des Kinderwunsches hat sich noch keine starke Tradition ausgebildet wie bei einem Kinderwunsch »von früher« – und Modelle zur Orientierung fehlen.

Für den Kinderwunsch von heute gibt es keine Tradition.

So wird die Erfüllung des Kinderwunsches nicht nur auf die Zeit nach Abschluss einer Berufsausbildung verschoben, auch die Qualität der Partnerschaft gerät gründlicher auf den Prüfstand. Vor allem soll sichergestellt werden, dass das Kind alles hat, was es benötigt. Früher genügte da allein Liebe. Heute »braucht« ein Kind viel mehr: einen sicheren Arbeitsplatz beider Elternteile, ein häusliches Nest, gute und nahe Unterbringungsmöglichkeiten wie Krippe, Kita und Hort, und später eine ebenso gute Schule. Oftmals macht man sich schon eine Weile vor der Schwangerschaft Gedanken darüber, wie lange man sich nach der Geburt eine Auszeit nehmen möchte und wie diese praktisch und finanziell organisiert werden kann.

Nie zuvor wurde so viel über das Aufziehen der Kinder schon im Vorfeld nachgedacht wie heute. Da wundert es nicht, wenn der Wunsch nach einem Kind nicht spontan, sondern erst allmählich entsteht – als würde jeder der beiden Partner hinter allerlei gedankliche Stationen zunächst eine Reihe von Häkchen machen müssen. Die Folge davon ist, dass nicht immer beide Partner auf dieser Liste dieselben Häkchen setzen. Im Klartext heißt das, dass der Kinderwunsch bei Mann und Frau unterschiedlich stark sein kann. Meistens, aber nicht immer, wünscht die Frau stärker. Manchmal ergeben sich hieraus ein paar Schwierigkeiten, die nicht wirklich problematisch sind. Zu Beginn der Kinderwunschzeit kann Ihnen das Wissen helfen, dass Sie als Mann nicht allein sind mit der Erfahrung, anders als Ihre Frau zu wünschen.

»Ich wünsche mehr als du.«

Paare wünschen nicht immer gleich stark. Meistens befürchtet der Mann, dass sein Kinderwunsch weniger ausgeprägt sei als der seiner Frau.

Doch Gespräche über die Frage »Wer wünscht mehr?« gehören in meiner Praxis eher zu den Ausnahmen. Sie entstehen im Grunde unbeabsichtigt und meist auch nur mit einem Partner.

Manchmal habe ich den Eindruck, dass sich mein Patient oder meine Patientin dabei endlich das schlechte Gewissen von der Seele reden kann. Sie oder er scheint sich dafür zu schämen, dass sein oder ihr Kinderwunsch »kleiner« sei als der des Partners.

Ein Mann formulierte das einmal folgendermaßen: »Meine Frau hat die Zügel in die Hand genommen. Sie lässt sich gesundheitlich durchchecken und denkt sogar schon darüber nach, wo das Kinderzimmer eingerichtet werden könnte. Vor allem ist sie oft untröstlich, wenn sie ihre Monatsblutung bekommt und weiß: Es hat schon wieder nicht geklappt. Ich bin dann auch traurig, aber mir ist nicht zum Weinen zu Mute. Ich glaube, mein Kinderwunsch ist einfach nicht so groß wie der meiner Frau. Wenn sie das herausfindet, ist sie bestimmt enttäuscht von mir.«

Umgekehrt berichten mir auch Frauen, allerdings weitaus seltener, von Phasen, in denen ihr Kinderwunsch schwächer ausgeprägt ist als bei ihren Männern.

Wie viel kann ich meinem Partner zumuten?

Es ist vollkommen normal, dass das Maß des Begehrens während des gemeinsamen Lebens ungleich verteilt ist. Wir gehen ganz selbstverständlich damit um, wenn wir uns gemeinsam auf ein bestimmtes Automodell einigen, eine neue Couchgarnitur oder das Geburtstagsgeschenk für einen guten Freund aussuchen. Nur in Sachen Kinderwunsch scheinen wir empfindsamer zu sein. Hier entsteht schnell das Gefühl, man würde dem anderen etwas zumuten oder ihn gar verraten, wenn man nicht immer mitschwingt.

Es genügt, wenn Ihnen das als Paar bewusst ist. Denken Sie doch einmal gemeinsam mit Ihrer Frau darüber nach, in wie vielen anderen Bereichen außerhalb des Kinderwunsches Sie mit unterschiedlicher Intensität bei der Sache sind. Meistens ergreift der eine von Ihnen die Initiative, und der andere verlässt sich in diesem Fall auf ihn. Spüren Sie nach, wie viel Vertrauen Sie in solchen Fällen ineinander haben.

Weiten Sie dieses Vertrauen auf das Thema Kinderwunsch aus. Das wird Ihnen vermutlich nicht auf Anhieb gelingen. Sie haben jedoch ein Übereinkommen geschlossen, mit dem man nach und nach weiterarbeiten kann. Dieser Abstand, den es bisweilen gibt, ist nicht statisch, er ist eine flexible und variable Größe – und das ist gut so. Lassen Sie also getrost Ihre Frau vormarschieren und machen Sie sich frei von dem Anspruch, in gleichem Eifer mithalten zu wollen. Stellen Sie sich einfach an ihre Seite und vertrauen Sie darauf, dass sie das Richtige tun wird.

Gefühle zulassen und aussprechen

Während eines Kinderwunschseminars vor vielen Jahren passierte etwas sehr Ungewöhnliches. Einer der teilnehmenden Männer bemerkte, wie sich seine Laune verschlechterte. Ich hakte nach und fragte, was los sei, woraufhin er antwortete: »Wenn ich jetzt *keinen* Kinderwunsch hätte, dann dürfte ich das auf keinen Fall zugeben. Und das fängt an, mich zu nerven.« Ein Raunen ging durch den Saal, und andere Männer nickten, wenn auch zaghaft, zustimmend.

In Gedanken ließ ich schnell das bisherige Seminar Revue passieren. Gewiss, ich hatte sozusagen den Männern über lange Strecken hinweg die Gefühle ihrer Frauen erklärt. Aber hatte ich es vielleicht übertrieben, sodass die männliche Position zu kurz gekommen war?

Aber nichts war wesentlich anders verlaufen als bei vorangegangenen Seminaren. Diese Männer hier waren nur ausgesprochen aufrichtig. Das beeindruckte mich sehr, und wir nahmen uns die Zeit, über solche gelegentlich auftau-

chenden Zweifel zu sprechen. So erklärte mir dieser Wunschvater Folgendes: »Wenn ich frühmorgens mit meiner Partnerin auf schneebedeckten und sonnenbeschienenen Pisten
Ski fahre und kein anderer Mensch weit und breit zu sehen
ist, dann erlebe ich einen der intensiven Momente, wo ich
mich frage: ›Was brauche ich eigentlich mehr im Leben?‹
In solchen Momenten bin ich doch auch ohne Kind
schon überaus glücklich. Ist es da richtig, ein solches Glück
toppen zu wollen? Ist das nicht auch undankbar dem Leben gegenüber? Von Zeit zu Zeit trage ich diese Gedanken
mit mir herum. Doch wage ich es einfach nicht, meiner
Partnerin davon zu erzählen. Bei ihr passiert nämlich genau
das Gegenteil. Mitten im Schnee auf dem Berg wird sie wieder an ihre Sehnsucht nach dem Kind erinnert und fährt
dann bedrückt weiter.«

So sind die Herzen von Mann und Frau aus unterschiedlichen Garnen gewebt. Im Herzen der Frau ist der Platz für
ein Baby fest etabliert, und wenn sie diesen Herzensplatz in
sich erst einmal entdeckt hat, wird sie fortan spüren, dass er
noch leer ist.

Der Platz für ein Kind ist auch in Ihnen als Mann veran-
kert. Aber meist nicht direkt im Herzen. Wunschväter be-
schreiben es mir vielmehr so: Es ist wie ein überwältigender
Drang der Körperzellen einerseits und das absolute Vertrauen in die Richtigkeit der Liebe zur Partnerin andererseits – gekoppelt mit einem großen Verantwortungsgefühl.
Erst später, wenn die Kinder schon da sind, erobern sie die
Herzen der Väter im Sturm.

Aus welcher Perspektive ich es auch immer beschreibe – es existiert ein Unterschied, nicht nur während der
Kinderwunschzeit.

Diese Unterschiede anzuerkennen und sie nicht weiter zu bewerten, entspricht einer klugen Lebenshaltung. Daraus können aber immer Probleme entstehen, vor allem wenn man die Unterschiede missversteht oder gar als Vorwurf oder Selbstvorwurf in sich trägt.

Ohne derlei Missverständnisse lebt und liebt es sich schöner. Übernehmen wir das Beispiel des Mannes mit seinem Ski-Erlebnis zur Veranschaulichung auf Ihre Paar-Situation: Oben auf dem Berg beim Skifahren sind Sie selbst derjenige von Ihnen beiden, der das Glück besser bewahren und ehren kann. Vergessen wir nicht: Glück ist immer eine gesunde Haltung. Wenn Sie ein andermal mit dem neuen Auto auf der Garageneinfahrt einen Gartenzwerg umfahren und eine dicke Beule davontragen, ist es vielleicht Ihre Frau, die auf diese Situation humorvoller und gelassener reagiert. Dann würde sie Überblick behalten und Sie mit einem liebevollen Augenzwinkern trösten: »Nun haben wir eine lustige Geschichte mehr zu erzählen.«

Glück ist eine gesunde Haltung.

Haben Sie diesen gegenseitigen Respekt für die Unterschiedlichkeit Ihrer Gefühle erst einmal, werden Sie einander offener begegnen können. Das tut grundsätzlich gut und ist gesund für Ihre Partnerschaft- und nebenbei erspart es Ihnen den einen oder anderen Anfall von schlechter Laune.

Männer-Sorgen

Elternschaft ist eine große Verantwortung, in die ein Paar allmählich hineinwachsen muss. Währt eine Kinderwunschphase länger, hat man mehr Zeit, sich um viele Aspekte der bevorstehenden Elternschaft noch mehr Gedanken zu machen. Auch hier erlebe ich, dass meist Sie als Mann Ihre Ängste hinterm Berg halten. Ihre Partnerin ist daher zuversichtlich, dass es keine gravierenden Probleme gibt, doch wer fragt danach, wie die Familie finanziell versorgt sein wird und ob die laufenden Kreditraten weiterhin abgestottert werden können? Wie viel Energie kann in den Beruf investiert werden, wenn Ihre Frau schwanger wird und Sie in dieser Zeit gut auf sie aufpassen und von anstrengenden Aufgaben entlasten möchten? Auf wie viele Dinge werden Sie sich einlassen müssen, die vielleicht nicht unbedingt zu Ihren Lieblingsbeschäftigungen zählen wie Geburtsvorbereitung, Atemübungen, Bauchtanz und Yoga, die Geburt im Kreißsaal? Später sollen Sie nach durchgemachten Nächten mit einem schlaflosen Kind fit und voller Tatendrang dem Chef gut gelaunt ein »Guten Morgen« zurufen.

Die Liste dieser Themen ist unendlich lang. Das Problem sind nicht Ihre Sorgen und Ängste. Jeder werdende Vater hat solche. Und an so manchem Stammtisch oder in der Umkleidekabine eines Sportvereins wird nur allzu gerne auch ein wenig gefrotzelt. Das Problem in der Kinderwunschzeit ist, dass solche Fragen Sie über das übliche Maß hinaus beschäftigen können. Sie sollten sich dieser starken Gewichtung einfach bewusst sein.

Es ist durchaus legitim, die Auseinandersetzung mit bestimmten Themen in die Zukunft zu verschieben, nachdem der Schwangerschaftstest positiv ausgefallen ist. Ihnen bleibt immer noch ausreichend Zeit, um über Lösungen nachzudenken.

Den Kinderwunsch verschweigen

Der Kinderwunsch kommt nicht plötzlich, er ist Resultat eines Prozesses. Sie bewegen sich ihm so lange allmählich entgegen, bis sich Sie und Ihre Frau mehr oder weniger sicher sind, Eltern werden zu wollen. Diese Gefühle entwickeln sich in einem intimen und vertraulichen Bereich. Niemand käme auf die Idee, den Kinderwunsch in diesem frühen Stadium seiner Umgebung zu verkünden.

Aber wann ist der richtige Zeitpunkt? Und sollen Sie den Wunsch als Paar überhaupt kommunizieren?

Die meisten Paare behalten ihren Kinderwunsch für sich. Das ist anfangs immer ein guter Weg, denn in einer solchen Herzensangelegenheit kann man die Kommentare anderer kaum brauchen.

Bei jeder Niederlage, die Sie vielleicht in dieser Zeit erleben, ersparen Sie sich, dass diese zu einer öffentlichen wird. Das ähnelt dem Verhalten vieler Menschen vor einer Führerscheinprüfung. Aus Angst, hinterher womöglich allen gestehen zu müssen, durchgefallen zu sein, sagt man vorher lieber nichts. Viel schöner ist es doch, nach bestandener Prüfung Verwandten und Freunden eine frohe Botschaft überbringen zu dürfen. Und sollte es nicht geklappt haben, muss man sich nicht erklären.

Das Projekt Schwangerschaft ist spannend, und ähnlich wie bei der Führerscheinprüfung spielt auch immer ein klein wenig Versagensangst mit hinein. Sie setzen sich dabei unbewusst mit einem möglichen Scheitern Ihres Kinderplans auseinander. Dieses Gefühl bewegt viele Paare dazu, wenn die Partnerin endlich schwanger geworden ist, auch die Schwangerschaft nicht gleich allen mitzuteilen – immerhin könnte ja noch etwas schiefgehen. Nach der 12. Schwangerschaftswoche folgt dann meist das Outing – vermutlich fühlt man sich nach dieser Etappe sicherer.

Aber was passiert im Falle einer Fehlgeburt vor diesen magischen ersten 12 Schwangerschaftswochen? Das Kinderwunschpaar ist mit seiner Trauer allein.

Man kann mit niemandem darüber sprechen, weil keiner über die Situation Bescheid wusste. Das belastet vor allem die Frauen schwer, die ihre Probleme eher durch Kommunikation verarbeiten als Männer. Frauen können ihre verletzten Gefühle verbal förmlich heilen. Ein Gespräch mit einer guten Freundin würde in einem solchen Fall wahre Genesungswunder bewirken. Wird allerdings ein Geheimnis gehütet, besteht diese Möglichkeit für sie nicht.

Ein unerfüllter Kinderwunsch ist mit vielen Episoden von Traurigkeit verbunden, vor allem, wenn er der Umgebung verheimlicht wird. Das wohl gehütete Geheimnis kann Wunscheltern in eine isolierte Einsamkeit geraten lassen. Je länger sich der Kinderwunsch nicht erfüllt, desto stärker wachsen Verzweiflung und Trauer. Eine Frau kann diese stille Trauer nicht nur seelisch, sondern auch körperlich regelrecht zermürben. Viele Frauen versuchen aus dem Teu-

felskreis auszubrechen, indem sie ihren Kommunikations-
bedarf über ihre Männer kompensieren. Diese Gespräche
drehen sich um tiefe Gefühle, die in detaillierten Puzzlesteinchen erkannt, beleuchtet und wortreich verarbeitet
werden. Ab und an kann das funktionieren, doch auf Dauer
strengt es Sie in der Funktion des Notbehelfs für Ihre Frau
ungemein an.

Eine gute Freundin, die über genügend Sensibilität und
Intuition verfügt, wäre die ideale Gesprächspartnerin Ihrer
Frau. Auf diese Weise finden Sie als Paar einen Ausweg aus
der Krise, ohne dass die Beziehung dies alleine leisten muss.
Vielleicht möchten Sie Ihr Geheimhalten des Kinderwunsches erneut überdenken. Vermutlich gibt es in Ihrem Fa-
milien- oder Freundeskreis die eine oder andere Person, die
vertrauenswürdig ist und die besonders Ihrer Frau guttut.

Diese »Quasseltherapie«, wie meine Patientinnen sie
gerne humorvoll nennen, ist jedoch nur eine Verarbeitungs-
form. Für die Kinderwunschmutter ist sie sicherlich die ge-
sündeste Form im Umgang mit traurigen Gefühlen.

Manchmal aber ziehen sich Partnerinnen regelrecht zurück. Ihre Geheimnisse haben sie einsam gemacht und das
Schweigen ist zur Gewohnheit geworden. Erkennen Sie als
Partner oder Ihre Frau selbst diese Tendenz nicht, kann sie
zu Problemen führen.

Seit nunmehr elf Jahren betreue ich ehrenamtlich in
einem Onlineforum Kinderwunschfrauen durch deren
Trauer. Auch das ist eine wirkungsvolle Möglichkeit, für
Frauen ihre Gefühle zu verarbeiten: Sie treffen sich und
tauschen sich mit Gleichgesinnten aus.

Dazu möchte ich Ihnen gern folgende Geschichte erzählen: Eines Tages wandte sich in diesem Forum ein ratloser

Ehemann an uns. Nach einer Fehlgeburt hatte seine Frau kein einziges Wort mehr mit ihm gesprochen. Sie saß auf dem Sofa und schwieg vor sich hin. Sie antwortete nicht auf seine Fragen und ließ sich schon gar nicht von ihm trösten. Er fragte dann in unserem Onlineforum andere betroffene Frauen, was er tun solle. Die Antwort war eindeutig: Diese Frau musste anfangen zu reden! Die Frage war nur, wie er das anstellen sollte.

Nach einigen Tagen meldete er sich plötzlich zurück: Alle Versuche, mit ihr zu sprechen, waren weiterhin gescheitert. Bis er eines Tages genug hatte und zu einer drastischeren Maßnahme griff. Er öffnete die Internetforen, schob seine Frau vor den Monitor und kündigte ihr an, dass er sie nicht von diesem Platz lasse, bevor sie sich die Erfahrungsberichte anderer trauernder Frauen durchgelesen hätte.

Seine Frau las die Berichte der Betroffenen. Diese halfen ihr offenbar, ihre verdrängten Gefühle wieder ans Tageslicht zu holen und ins Fließen zu bringen. Nach einiger Zeit brach sie in Tränen aus, die nicht enden wollten. Der Mann hatte jedoch das Gefühl, dass diese Reaktion seiner Frau sich besser und richtiger anfühlte als ihre erstarrte Haltung.

Tränen sind immer der Auftakt zu einer inneren Heilung.

Und wir Recht er damit hatte. In der darauffolgenden Zeit erholte sich seine Frau und konnte sich ihm wieder öffnen. Dies war eine Rettung in letzter Sekunde, denn eine derartige Verbitterung kann Ausmaße annehmen, die dann nur noch ein Psychotherapeut oder eine -therapeutin heilen können.

Der eben geschilderte Fall bildet eher eine Ausnahme und soll Sie als Mann keinesfalls erschrecken. An diesem extremen Beispiel wird aber klar, wie wichtig es ist, über eigene Gefühle zu reden und sie zuzulassen. Für Ihre Kinderwunschzeit kann das heißen, die zahlreichen Gespräche mit Ihrer Partnerin über Ängste und Sorgen, über die Ihrer beider Gesundheit oder über die Chancen einer Empfängnis nicht zu kurz kommen zu lassen. Alle erdenklichen Themen rund um den Kinderwunsch sollten klar angesprochen werden. Vielleicht sehen Sie sich als Mann einem Dilemma ausgesetzt: Auf der einen Seite würden Sie gern emotional aufgeladenen Gesprächen am liebsten aus dem Weg gehen, gleichzeitig möchten Sie Ihrer Frau zur Seite stehen und sie beschützen.

Ich möchte Sie ermutigen, nach einer angemessenen Zeit vielleicht doch eine gute Freundin oder einen guten Freund in das Projekt Wunschkind einzuweihen oder jemanden aus der Verwandtschaft, der Ihnen Mitgefühl und aufrichtiges Interesse entgegenbringt. Viele Paare berichten mir, dass ein solches gezieltes Outen im Nachhinein eine enorme Entlastung für sie war. Und gar nicht so selten stellt sich dabei heraus, dass es ganz unmittelbar in Ihrer Nähe noch mehr Menschen mit einem unerfüllten Kinderwunsch gibt, jemanden, von dem sie das nicht ansatzweise geahnt hätten und der wie Sie selbst zuvor mit diesem Problem allein gewesen ist.

Freunde, vertraute Familienmitglieder, Betroffene, Selbsthilfegruppen und Internetforen eignen sich für Gespräche.

Auch im Internet finden sich zahlreiche Selbsthilfegruppen. Manche lesen die Berichte einfach nur, andere nehmen lieber aktiv an diesem Austausch teil. Ob passive oder aktive Teilnahme, den Frauen tut sie einfach gut. Versuche, auch Männern in solchen Foren einen Raum zum Austausch bereitzustellen, scheiterten bisher immer. Die Männer sträuben sich zwar nicht, werden hin und wieder aktiv, und ziehen sich dann aber wieder zurück. Es scheint ihrem Naturell weniger zu entsprechen.

Männer unter sich

Männer untereinander können bisweilen sehr derb sein, auch wenn es um Kinderwunsch geht. Dabei können Kommentare, die vornehmlich auf dem Fußballplatz, in der Kneipe oder am Arbeitsplatz platziert werden, sehr verletzend werden. Dabei denken Männer grundsätzlich ergebnisorientierter. Ein Beispiel: Sie haben eine größere Wohnung angemietet, die mehr Zimmer hat, als Sie zum jetzigen Zeitpunkt benötigen. So stellt sich die Frage: Wer oder was soll da rein? Ein Büro ist offenbar nicht nötig, also kann das nur ein Kinderzimmer werden, ergo müssten Sie das Projekt »Kinderzimmer füllen« längst in Angriff genommen haben. Der Umzug mag vier Monate her sein und dem Kinderzimmer fehlt noch immer das Kind. Fazit in Ihrem Umfeld: Das mit dem Zeugen geht bei Ihnen doch nicht ganz so flott. So kann es passieren, dass Ihnen ungefragt Hilfe angeboten wird. Plötzlich findet sich in Windeseile eine Beratergruppe aus der Nachbarschaft bei Ihnen ein, um eifrig und gemeinsam an der Lösung des Kinderproblems zu arbeiten.

Sicherlich ist das immer gut gemeint und kommt auch von ganzem Herzen. Es ist nur ungeschickt oder unsensibel kommuniziert. In einer Männerrunde fallen meist etwas härtere Kommentare. Hat man keinen Kinderwunsch, dann kann man prima mitwitzeln. Ist das Gegenteil der Fall, hört der Spaß schnell auf. Es versteht sich natürlich von selbst, dass man sich in derlei Gemeinschaften nicht outet.

Einer meiner Patienten war mit dieser Lösung doch nicht vollkommen zufrieden. Er erzählte mir, seine Frau habe ihm gegenüber erwähnt, dass sie, wäre sie selbst ein Wunschkind, derartige Dementierungen infolge eines Gruppendrucks nicht würde hören wollen. Wenn Wuscheltern beispielsweise in einer unpassenden Situation gefragt würden, wie es denn bei ihnen mit der Familienplanung aussähe, und sie den Umständen entsprechend schlichtweg lügen müssten, um sich vor Kommentaren zu schützen – wäre das nicht gleichzeitig auch eine Verleumdung des gemeinsamen Kindes?

Diese Gedanken seiner Frau hatten ihn in seinem Ehrgefühl getroffen. Nie würde er sein Kind verleumden, nicht später, wenn es auf der Welt ist, aber auch nicht vorher. Gleichzeitig wollte er es davor schützen, später in der Nachbarschaft als lang ersehntes Wunschkind angesehen zu werden. Alle würden unter Umständen wissen, wie lange die Eltern auf das Kind gewartet hatten, nur das Kind wäre ahnungslos. Nicht auszudenken, in welche Situationen das Kind geraten könnte.

Beide suchten nach einer Lösung. Sie setzten sich bei Gelegenheit zusammen und fertigten eine Liste von schlagfertigen Antworten an, die weder ein echtes Outen darstellten noch den Kinder- *Schlagfertige Antworten* wunsch dementierten. Dafür gingen sie *vorher zurechtlegen.*

verschiedene Szenarien durch. Was sagt eine Frau, wenn der neue Chef sie indiskret nach ihrer Familienplanung fragt? Vielleicht dies: »Für morgen früh steht dies jedenfalls nicht auf meinem Terminplan.« Dem noch nicht geborenen Wunschkind könnte sie dann in Gedanken hinterherschicken: »Aber vielleicht morgen Abend!« Das mag ein wenig absurd und unlogisch klingen, fühlt sich aber besser an.

Ein weiteres Szenario haben sie sich nun auch für den Wunschvater in spe überlegt: Gerne wird er auch im Familienkreis zu diesem Thema angesprochen. Um selbst zu bestimmen, wann er im vertrauten Rahmen mit Vater, Schwager oder gar Schwiegervater über ein solch heikles Thema sprechen will, kann er mit folgender Antwort unverfänglich und freundlich bleiben: »Ja, das ist durchaus denkbar« – damit ist niemand brüskiert und das Thema ist gleichzeitig abgehakt.

Vielleicht haben Sie selbst ebenfalls Freude daran, mit Ihrer Frau eine solche Liste vorzubereiten. So können Sie sich individuelle Antworten auf neugierige Fragen zu Ihrer Familienplanung zurechtlegen. Je schlagfertiger Sie antworten, desto größer wird die Chance, eine weitere Diskussion gleich zu beenden.

Fangen Sie mit den Fragen an, die Ihnen oder Ihrer Frau die größten Bauchschmerzen bereiten. Spielen Sie die Situationen, vor denen Ihnen graut, zur besseren Vorbereitung auch im Geiste durch. Oder besetzen Sie gemeinsam mit Ihrer Frau die Rollen der beteiligten Personen selbst. Spielen Sie Ihre Schwiegermutter, während Ihre Frau als

Ihr Vater auftritt. Und vergessen Sie nicht: Es darf Spaß machen und auch dabei darf gelacht werden – je öfter, desto besser.

Wenn es Babys in der Umgebung zu regnen scheint

Manchmal kann einen das Gefühl beschleichen, Schwangerschaften wären ansteckend. Da kann es passieren, dass Schwägerin, Schwester, Freundin und Chefin kurz hintereinander schwanger werden. Vermutlich ist dies eine eher subjektive Einschätzung. Ganz sicher aber haben Paare mit einem Kinderwunsch sensibilisierte Antennen für derartige Baby-Booms. Das ist auch kein Wunder, denn eine schwangere Frau in der unmittelbaren Umgebung bedeutet für eine Kinderwunschfrau Stress. Dies gilt auch für ihren Partner.

Und nicht gegen jeden Stress gibt es in der Kinderwunschzeit ein Patentrezept oder gar eine einfache Lösung. In vielen Situationen mag schon die Tatsache helfen, dass es viele andere Kinderwunschpaare gibt, für die Begegnungen mit frischgebackenen Eltern ebenfalls problematisch sind. Sie können dabei erkennen, dass ihr Gefühl nicht so »exotisch« ist, wie Sie vielleicht annehmen, und dass Sie vor allem nicht allein damit sind. Allein werden Sie sich eher fühlen, wenn Sie dem Bedürfnis dauerhaft nachgeben, möglichst allen Schwangeren der Welt aus dem Weg zu gehen.

Vielleicht kommt Ihnen folgende Vermeidungsstrategie bekannt vor: Eine Familienfeier oder eine Party im engen Freundeskreis steht an, an der Sie und Ihre Frau gewöhnlich teilnehmen. Ihnen fällt auf, dass Ihre Frau diesmal nicht, wie üblich, rechtzeitig Geschenke besorgt. Sie hängt auch nicht schon zwei Tage zuvor das Kleid heraus, das sie an diesem Tag tragen möchte, und auch die leidige »Welcher Schuh könnte dazu passen«-Frage fällt diesmal aus. Stattdessen erwähnt sie, dass sie sich nicht ganz sicher ist, ob sie überhaupt zur Feier mitkommen möchte. Am Tage der Veranstaltung selbst kann sie noch nicht abschätzen, ob die leichten Kopfschmerzen, die sie plagen, sich im Laufe des Abends zu einer Migräne steigern könnten.

Ihre Frau ficht einen inneren Kampf aus. Einerseits weiß sie, dass es ihr guttun würde, wieder unter Menschen zu kommen und dabei gute Freunde oder geliebte Verwandte zu treffen. Andererseits weiß sie, dass sich dort werdende Mütter aufhalten werden. Frauen vielleicht, deren Schwangerschaften ausgerechnet unbeabsichtigt waren. Begegnungen mit glücklichen Schwangeren werden wohl unausweichlich sein. An guten Tagen kann Ihre Frau das einigermaßen aushalten. An schlechten verkriecht sie sich in einem Nebenzimmer und vergießt heimliche Tränen, um ihre Traurigkeit vor den anderen Gästen zu verbergen.

Und wie verhalten Sie sich? Vermutlich werden Sie besonders aufmerksam sein und sich innerlich darauf einstellen, dass es zwischen einem »Ja, ich komme mit« und einem »Nein, lieber doch nicht« noch einige Male hin und her gehen wird. Es kann auch sein, dass Sie innerlich ein wenig abschalten, als würden Sie den Kopf zwischen die Schultern ziehen und hoffen, dass Ihre Frau ohne größere emotionale Zwischenfälle erstens zu einer eindeutigen Entscheidung gelangt und zweitens möglichst auch die Party übersteht.

Frauen bezeichnen diese Reaktion eines Mannes liebevoll als eine »Mann in Häschen«-Position. Damit ist eine Haltung gemeint, die viele Männer einnehmen, wenn sie sehr wohl spüren, dass Ärger in der Luft liegt, den sie am liebsten umgehen würden. Nur leider wissen sie nicht so genau, wie. Meist gehen sie in eine Art Habachtstellung und scheinen besonders gut aufzupassen, welche Signale ihre Frauen aussenden.

Ihre Frau kann Ihnen leider in einer solchen Situation nicht unmissverständlich signalisieren, ob sie hingehen oder zuhause bleiben will. Sie kann sich selbst nicht entscheiden. Sie haben nun zwei Handlungsmöglichkeiten. Sie können sich mit der Häschen-Position durch derartige Situationen hindurchlavieren. Sie können aber auch die Dinge vorsichtig in die Hand nehmen. Geben Sie Ihrer Frau in solchen Situationen eine kleine Hilfestellung. Sprechen Sie aus, was sie vermutlich fühlt. Fragen Sie sie direkt: »Es macht dir ein wenig Angst, dass dort werdende Mütter sein werden, stimmt's?« Unterstützen Sie Ihre Partnerin weiter: »Egal, wie du dich entscheidest, es ist okay für mich und ich werde bei dir bleiben. Willst du hingehen, dann tun wir dies gemeinsam, bleibst du lieber hier, dann werden wir zusammen hierbleiben und uns einen gemütlichen Abend machen. Wir können auch hingehen und falls du vorzeitig heimkehren möchtest, dann werden wir auch das zusammen tun.«

Sie selbst kennen Ihre Frau am besten und wissen, wie Sie ihr am besten beistehen können. Und stehen Sie ihr zur Seite – bei ihrer Entscheidung ebenso wie im Umgang mit dem Problem an sich.

Es ist in Ordnung, wenn Sie sich als Paar gelegentlich von solchen Treffen fernhalten. Gehen Sie aber zwischendurch auch immer wieder hin. Erstens fällt es den anderen dann nicht so schnell auf, dass Sie ein Problem haben. So laufen Sie auch weniger Gefahr, darauf angesprochen zu werden. Viel wichtiger aber ist, den schützenden Rückzug auch immer wieder aufzugeben. Isolation als Vermeidungsstrategie schmerzhafter Erlebnisse ist die wohl ungünstigste aller Lösungen, vor allem Ihre Frau wird auf Dauer unter ihr leiden und nur schwer wieder aus ihr herausfinden.

Vermeidungsstrategien sind nur in Maßen sinnvoll.

Je mehr Vermeidungsstrategien Sie zulassen, desto schwieriger wird jede Form von Konfrontation werden.

Manche Frauen leiden an dem Ikea-Syndrom, wie ich es gern nenne. Sie vermeiden es, in dem schwedischen Möbelhaus einkaufen zu gehen, in dem sich viele Schwangere tummeln, um die Zimmer für ihre zukünftigen Kinder einzurichten, und wo besonders zur Mittagszeit dann auch noch Babys und Kleinkinder im Restaurantbereich anzutreffen sind. So viel Bauch und so viel Baby mag nicht jede Frau mit einem Kinderwunsch immer aushalten wollen. Auch Abteilungen bestimmter Modehäuser mit den besonders niedlichen Babysachen werden gemieden.

Ich möchte Ihnen folgende Regel ans Herz legen: Ziehen Sie sich zurück, wenn Sie glauben, der Situation emotional nicht gewachsen zu sein, bis Sie sich seelisch stabiler fühlen.

GEFÜHLE EINSCHÄTZEN LERNEN

Ein Kinderwunschpaar berichtete mir, aus dem Besuch einer Babyabteilung ein Spiel zu machen. Auf einer Skala von eins (sehr gut) bis sechs (ganz schlecht) versuchte es herauszufinden, wo sein aktuelles Stimmungsbarometer steht. Anfangs war das sehr spannend und es notierte seine Bewertungen auf einem Zettel. Im Laufe der Zeit wurde der Besuch dieser Abteilung immer leichter, bis es kein wirkliches Problem mehr zu sein schien.

»Einmal war es wirklich ganz schwierig für mich«, erklärte mir die Frau. »Ich brach in Tränen aus und notierte eine Sechs minus auf meinem Zettel. Mein Mann nahm mich in den Arm und wir verließen das Geschäft. Das Schöne aber war, dass es nur Tränen waren. Ich selbst hatte in diesem Moment nicht die geringsten Bedenken, an einem anderen Tag die Babyabteilung wieder zu betreten. Oft lachten wir während dieser Besuche, und einmal kaufte ich sogar ein kleines Paar Stoffschuhe. Angst vor einer Babyabteilung habe ich jetzt jedenfalls nicht mehr.«

Der Baby-Neid

Ebenso wie der Baby-Boom ist auch der Baby-Neid ein Thema, das Sie als Mann nicht direkt als Problem entwickeln. In der Regel kennen Männer dieses Gefühl nicht. Es betrifft vielmehr Ihre Partnerin, die angesichts werdender

Mütter und kleiner Babys in einen Konflikt mit sich selbst geraten kann. Neid ist als Gefühl zu negativ und kurz gefasst, da es nicht die seelischen Torturen einer Kinderwunschmutter einbezieht. Es ist vielmehr die tiefe Sehnsucht und Liebe zum eigenen erwarteten Kind, die Ihre Frau in solchen Momenten besonders intensiv spürt. Das kann sie mit einer solchen Wucht treffen, dass Trauer, Wut oder Verzweiflung sie gewissermaßen davor schützen, diesen emotionalen Tiefschlag aushalten zu müssen. Der Baby-Neid ist nur durch die große Liebe zum eigenen Kind möglich und hat so gesehen eigentlich wunderbare Beweggründe.

Der Begriff des Baby-Neids ist im Sprachgebrauch vieler Kinderwunschpaare längst etabliert, auch wenn wir ihn als Notbehelf verwenden, da er, wie bereits erwähnt, zu negativ ist. Wie auch immer, dieses Gefühl quält Ihre Frau und lässt Sie als Mann manchmal ins Fettnäpfchen tappen.

Der Baby-Neid ist aber nicht immer gleich stark spürbar. Ist die Zeit schlecht, kann Ihre Partnerin eine Frau mit Baby sehr stark beneiden. Nicht der Neid ist an sich problematisch, sondern die Tatsache, dass Ihre Frau natürlich auf keinen Fall neidisch sein möchte! Also versucht sie krampfhaft, *nicht* neidisch zu sein. Dies wird ihr natürlich nicht gelingen und sie wird noch strenger zu sich sein. Für Sie kann dieses Gefühlschaos zu irritierenden Situationen führen. Wie sollen Sie die Reaktionen Ihrer Frau einschätzen, wenn sie sie selbst nicht einzuschätzen vermag? Wie sollen Sie Ihre Partnerin beruhigen, wenn anscheinend jede Ihrer Reaktionen doch wieder Traurigkeit oder Tränen bei ihr hervorrufen?

Die nun folgende Beispielsituation kennen Sie bereits. Ich werde sie an dieser Stelle wiederholen, denn sie offenbart einen klassischen Konflikt, in den Sie als Wunschvater nur allzu leicht geraten können:
Wird Ihnen spontan ein Baby auf den Arm gelegt, dann werden Sie sicherlich in diesem Augenblick von Ihrer Frau genauestens beobachtet werden. Gehen Sie liebevoll mit diesem Baby um, dann kann dies Ihre Frau treffen, weil auch sie Ihnen ein Kind schenken möchte. Möchten Sie den inneren Konflikt Ihrer Partnerin vermeiden und sind aus diesem Grund nicht allzu liebevoll zu dem Baby auf Ihrem Arm, könnte Ihnen dies wiederum als Desinteresse ausgelegt werden. Schlimmstenfalls könnte Ihr Verhalten in dem Vorwurf gipfeln, Ihr eigener Kinderwunsch sei nicht groß genug.

Um solche Konflikte erst gar nicht entstehen zu lassen, können Sie Ihre Frau im Vorfeld solcher zu erwartenden Begegnungen direkt fragen, wie Sie am besten auf ein Baby reagieren, ohne sie dabei zu verletzen. Haken Sie ruhig immer wieder nach.

Alle meine Patienten in meiner Praxis berichten mir immer wieder von einem Joker unter all den Verhaltensweisen. Sein Einsatz wird wirksam, wenn auch Sie als Mann Ihre eigenen Gefühle ins Spiel bringen!
Erinnern wir uns: Die Probleme, die durch Begegnungen mit Babys und Schwangeren entstehen, sind für Sie anfangs nur indirekte. Akut werden diese durch die Reaktion Ihrer Frau und Ihre Unsicherheit, wie Sie damit umgehen sollen. Versuchen Sie, diese defensive Position zu

verlassen. Spielen Sie sich frei und übernehmen Sie den Ball selbst und bringen Sie dabei Ihre eigenen Gefühle ins Spiel.

Möglicherweise waren Sie bisher so beschäftigt damit, es Ihrer Frau recht zu machen, sie zu beobachten und schmerzhafte Situationen für sie zu umschiffen, dass Sie Ihre eigenen Gefühle vernachlässigten.

Nehmen Sie jetzt eine kleine Auszeit und entdecken Sie Ihre eigenen Gefühle.

Diese werden vermutlich leidenschaftsloser sein als die Ihrer Frau, doch sie sind ebenso wichtig. Spüren Sie, in welcher Art und in welchem Ausmaß Sie sich betroffen fühlen, und sprechen Sie das aus. Kommunizieren Sie!

Fühlen Sie sich in eine dieser brenzligen Situationen ein und überprüfen und formulieren Sie die Gedanken, die sich melden. Das könnte ungefähr so gehen: »Oh ja, ich kann mir gut vorstellen, dass ich eines Tages auch unser eigenes Kind so halten werde«, oder: »Es wird wirklich Zeit, dass auch unser Baby bald mal hier landet.«

Patientinnen haben mir im Nachhinein berichtet, dass solche Aussagen die belastende Situation oft auflösten. Denn sobald Sie Ihren eigenen Gefühlen Raum geben, sind Sie besser im Team.

Eine Patientin erzählte mir Folgendes: »Mein Mann sagte damals, als unsere Nachbarin schwanger wurde: ›Es kommt näher – es rückt immer näher an uns heran. Die Nächste bist vielleicht du!‹ Diese Worte haben mich damals sehr aufgebaut, da ich furchtbar neidisch auf die werdende Mutter war!«

Stellen Sie sich vor, wie Sie sich aus der Position eines Schildknappen, der seinem Ritter treu den Rücken frei hält, herausgeben und sich selbst mit gezücktem Schwert unmittelbar an seine Seite stellen. Ihrer Frau wird dieses Verhalten enorme Sicherheit und Verbundenheit schenken. Das ist Ihr Joker: Nehmen Sie den Ihnen angestammten Platz ein und werden Sie wieder ein Teamer. Das wird Ihnen ohnehin viel mehr liegen als eine untertänige Gefolgschaft.

Alltagsplanung in der Kinderwunschzeit

In der Kinderwunschzeit kann man sich bisweilen Gedanken machen, die man sonst nicht wälzen würde. Sie alle beginnen mit:»Was wäre, wenn wir in einem halben Jahr schon schwanger sind?« Sie dürfen an dieser Stelle jeden beliebigen Zeitpunkt setzen. Für das Hier und Jetzt planen. Es kann sein, dass Sie einen Urlaub nicht mehr allzu früh planen möchten, denn ein Fernflug ist ab einer bestimmten Phase der Schwangerschaft nicht zu empfehlen. Notwendige Impfungen werden Sie vielleicht kritischer betrachten. Die Herangehensweise der Urlaubsplanung kann sich komplett ändern. Vermutlich wählen Sie daraufhin unverfänglichere Reiseziele und Reisezeiten. Abenteuerurlaube und Reisen für sportliche Aktivitäten werden Sie nur sehr kurzfristig planen – selbstverständlich mit Reiserücktrittsversicherungen.

Solche und ähnliche Aktivitäten und Planungen können sich schon ändern, lange bevor das Baby da ist. Für Paare, deren Weg zum Kind aber ein längerer ist, geht da einiges an Möglichkeiten und Vorfreude verloren.

Ich möchte Ihnen raten, hier auf jeden Fall Ihren eigenen Bedürfnissen Vorrang zu geben. Stellen Sie sich dem Projekt Schwangerschaft erst dann, wenn es tatsächlich eingetreten ist. Und halten Sie diesen Vorsatz am besten auch mit Ihrem Kind: Ändern Sie Ihr Leben mit all seinen Entscheidungen erst, wenn es da ist.

Sollten Sie tatsächlich irgendwann in die Situation geraten, eine Reise wegen überraschender Schwangerschaft umbuchen zu müssen, dann wird das doch der schönste Grund dafür sein. Diese Episode können Sie humorvoll Ihren Freunden und später auch Ihrem Kind erzählen.

Und wie sieht es mit einem neuen Autokauf aus? Auch dabei müssen nicht jetzt schon drei Kindersitze und ein Buggy hineinpassen. Im Gegenteil: *Jetzt* ist die Zeit, einen Wagen zu fahren, der Ihre eigenen Bedürfnisse erfüllt. Womöglich fahren Sie nur einen einzigen Sommer lang einen gebrauchten Roadster und niemand wird wissen, wann Sie das nächste Mal Gelegenheit dazu haben werden.

Viele Frauen empfinden schon im Vorfeld einer Schwangerschaft eine Art Nestbautrieb. Sie machen sich Gedanken, ob die Wohnung später nicht zu klein wird oder ob man entweder das Büro oder das Gästezimmer wird umfunktionieren müssen. Auch in dem Fall lege ich Ihnen ans Herz: Solange das Kind nicht da ist, geht es nur um Sie und Ihre Frau. Sollten Sie umziehen wollen, dann tun Sie das bitte vordergründig nur für sich selbst. Sollten Sie renovieren wollen, dann gestalten Sie Ihr Ambiente nach Ihren eigenen Wünschen.

Einige meiner Patientinnen hatten sich schon während der Kinderwunschzeit Kinderzimmer eingerichtet. Dies taten sie aber für sich selbst und nicht für das Kind. Sie haben damit dennoch nichts kreiert, das sie an ihre Entbehrungen erinnert, sondern sich selbst ein Geschenk gemacht. Und sie sind frei, dieses Zimmer so oft umzugestalten, wie sie möchten.

Vom Tag eines positiven Schwangerschaftstests bis zur Geburt des Kindes vergeht einige Zeit, die Sie vermutlich selbst dann noch als ewig empfinden werden. Diese Zeit wird in jedem Fall ausreichen, um Ihr Baby begrüßen zu können – was immer Sie bis dahin noch vorbereiten wollen. Sobald das Kind da ist, wird es im Mittelpunkt Ihrer Aufmerksamkeit stehen. In der Zeit davor sollten Sie Ihre Interessen und Bedürfnisse als Paar berücksichtigen.

Eine Ausnahme bilden Paare, die eine Wochenendehe führen oder regelmäßig einige Tage in der Woche getrennt leben. Besteht ein Kinderwunsch unter derartigen Lebensumständen, so erfüllt er sich meist erst dann, wenn das Paar gemeinsam wohnt. Das ist ein Phänomen, das ich häufig beobachten konnte.

Dennoch werden häufig Dienstpläne, ja manchmal ganze Flugpläne unter einem großen Aufwand auf einen zu erwartenden Eisprung abgestimmt – diese Strategien habe ich niemals fruchten sehen.

Vielleicht ist es in irgendeiner Hinsicht doch wichtig, ein eigenes gemeinsames Nest zunächst einmal zu »empfinden« und dann zu leben. Sollten Sie sich in einer solchen Lebenssituation befinden, dann müssen Sie nicht gleich morgen zusammenzuziehen. Sie können sich jedoch fragen, ob Sie sich nach einer räumlichen Nähe zu Ihrem Partner sehnen. Prüfen Sie, wie intensiv dieses Gefühl ist und weshalb Sie Ihr Leben an dieser Sehnsucht nacheinander vorbeiorganisiert haben. Stellen Sie sich ernsthaft die Frage, ob Sie als Ihr Wunschkind große Lust verspüren würden, in eine solche Lebenssituation hineingeboren zu werden.

Hier können Sie unter Umständen wirklich noch einige Etappen nehmen. Und dafür sollten Sie sich Zeit lassen.

Zurückgestellte Gefühle erzeugen Leidensdruck

Viele kritische Kinderwunschsituationen werden bei Ihnen das Bedürfnis wecken, Ihre Frau beschützen zu wollen. Es ist der Ausdruck Ihrer Liebe.

Mittelfristig werden Sie allerdings selbst auf der Strecke bleiben, denn die Rolle des starken Beschützers zehrt an den Kräften. Noch weitaus heikler ist aber folgender Punkt: Anfangs wird Ihre Frau Ihren Schutz genießen, auf die Dauer aber wird ihr Ihre eigene Position im Team fehlen, auch wenn sie sich dieses Wunsches nicht immer bewusst ist.

Ich lege Ihnen inständig ans Herz, dass Sie sich auf Dauer nicht selbst vergessen dürfen. Nehmen Sie *Eigene Gefühle klären.* sich immer wieder Auszeiten, in denen Sie sich über Ihre eigenen Gefühle klar werden. Bringen Sie Ihre Gefühle bei einer guten Gelegenheit zum Ausdruck, auch dann, wenn diese von den Gefühlen und Wünschen Ihrer Frau abweichen mögen. Lassen Sie sich auf diese emotionale Offenheit von Beginn der Kinderwunschzeit an ein.

Fällt es Ihnen als Mann schwer, Ihren eigenen Gefühlen gegenüber loyal zu sein, dann bewegen Sie sich in diesem Fall in kleinen Schritten vorwärts. Unternehmen Sie ab und zu einen Ausfallschritt in die eine oder andere Richtung. Ihre Veränderung soll nicht gleich ein Erdbeben auslösen. Die Tatsache, dass Ihre Frau im Mittelpunkt kritischer Kinderwunschphasen steht, hat sich womöglich über Jahre hinweg eingebürgert. Lassen Sie daher eine Veränderung langsam entstehen. Machen Sie, was Sie gerne mögen, aber tun Sie nur eines bitte nicht – alles so zu belassen, wie es ist.

Es kommen unter Umständen Krisen auf Sie zu, die Sie bewältigen müssen.

Eine Krise kann viele Auslöser haben: die Ankündigung des Körpers Ihrer Frau, dass die Monatsblutung einsetzen wird; das Auf und Ab zwischen Hoffnung und anschließender Enttäuschung, Monat für Monat.

Später wird es womöglich Entscheidungsprozesse geben, die auch eine Krise provozieren können: Werden wir uns medizinische Unterstützung holen, wenn ja, wann und in welchem Umfang? Meist wird Ihre Frau informationstechnisch weit vorne liegen. Reden Sie mit ihr darüber und entscheiden Sie gemeinsam.

Stellen Sie sich Folgendes vor: Ihr Baby würde nachts hoch fiebern. Vermutlich würden Sie Ihrer Frau die Entscheidung überlassen, ob der Zustand Ihres Kindes noch unbedenklich sei oder ob Sie beide doch vorsichtshalber in die Klinik fahren sollten. Ihre Frau würde in dieser Angelegenheit den Ton angeben und sagen: »Wir müssen jetzt was unternehmen.« Aus Ihrem neuen Muster heraus würden Sie ihr zustimmen:»Such du alles zusammen, was wir brauchen, ich kümmere mich solange ums Kind.« Vielleicht würden Sie Ihrer Frau auch die Auswahl der Kinderklinik überlassen. Aber den Wagen würden Sie selbst fahren.

Halten Sie es in der Kinderwunschzeit ebenso. Mischen Sie beispielsweise in der Ausgestaltung der Situation rund um eine künstliche Befruchtung mit. Gerade während der ersten Versuche neigen Frauen dazu, sich zu übernehmen. Arztbesuche inklusive aller Anfahrten, Vorbereitungen, Diagnosen, Medikationen und Eingriffe müssen einfach mal eben zusätzlich zu einem ohnehin schon engen Terminkalender hingenommen werden. Nach dem Transfer der befruchteten Eizellen kann sie für einen Zeitraum emotional erstarren – in der Zeit nämlich, die erst noch vergehen muss, bevor die Kinderwunschklinik sie zu einem Schwangerschaftstest wiedersehen möchte.

Ich verrate Ihnen, was mir viele Frauen sinngemäß berichten:»Mein Mann hatte gleich zu Beginn schon Bedenken, wie ich das alles verkraften würde. Aber ich dachte mir, wenn Tausende andere Frauen das bewältigen, gelingt mir das auch. Und dann ging es los: Wie sollte ich die ganzen Termine meinem Chef erklären? Wie sollte ich sie vor meinen Kollegen verheimlichen, besonders nachdem schon die ersten dummen Bemerkungen gefallen waren? Ich war nur noch gehetzt, abgelenkt von den äußeren Umständen. Infolge meines Bemühens, alles geheim zu halten, verlor ich erst mich selbst und dann mein Kind vollkommen aus den Augen. Beim Transfer war ich gar nicht so recht bei der Sache, und als man mir anschließend sagte, ich solle erst in zwei Wochen wiederkommen, fragte ich mich ernsthaft, ob ich das überhaupt überstehen würde. Heute kann ich sagen, die ersten zwei Versuche waren erfolglos und dienten eher dazu, dass mein Mann und ich jetzt ungefähr wissen, was auf uns zukommt, und vor allem, wie *wir* damit umgehen, ohne uns dabei zu verlieren. Ich hätte doch besser gleich auf meinen Mann hören sollen, der mir vorschlug, einige Urlaubstage zu nehmen. Er hätte mich in die Kinderwunschklinik begleitet, und danach hätten wir die Prozedur mit einem wunderbaren Essen krönen können. In der langen Zeit, in der ich auf das Ergebnis wartete, hätte ich meine Geschäftstermine auch absagen sollen.«

Egal, in welcher Kinderwunschzeitsituation Sie sich als Mann gerade befinden, vertrauen Sie auf Ihre eigenen Instinkte und Einschätzungen. Sie kennen Ihre Frau am besten. Sie sind es, der zuerst ahnt, wenn sie sich zu übernehmen droht. Nehmen Sie in solchen Fällen Ihren eigenen festen Platz ein und mischen Sie lieber gleich mit.

Rückschläge oder Wenn nichts gelingen will

Es ist immerhin möglich, dass der Versuch, ein Kind zu zeugen, fehlschlägt. Das gilt für eine medizinisch unterstützte Empfängnis ebenso wie für eine natürliche. Gehen Sie davon aus, dass Sie selbst eine solche Mittel- oder gar Langstrecke emotional wesentlich besser managen können als Ihre Frau.
    Sie wird sich, ohne zu zögern, übernehmen, aber sie wird ihre »Flucht nach vorne«-Taktik nicht so ohne Weiteres

aufgeben. Ganz besonders dann nicht, wenn ihre Kräfte schon längst aufgebraucht sind. Je verzweifelter sie ist, desto länger wird sie über diesen Punkt absoluter Erschöpfung hinaus wie eine Löwenmutter kämpfen.

In ihr wirkt die sagenhafte unendliche Kraft einer zukünftigen Mutter, die sie zu diesen Strapazen antreibt. Diese wünschenswerte Qualität kann aber im Vorfeld der Kinderwunschzeit Ihrer Partnerin schaden. Daher möchte ich Ihnen, dem Mann, erneut ans Herz legen:

Immer wenn Sie während Ihrer Kinderwunschzeit solche oder ähnliche Episoden durchlaufen, sollten Sie derjenige sein, der die Notbremse zieht, »Stopp« ruft und eine Auszeit, einen Urlaub vom Kinderwunsch, verordnet. Begeben Sie sich erst dann wieder in die nächste Kinderwunschepisode, wenn Sie und vor allem Ihre Frau sich wieder erholt haben. Die Erfahrung spricht für diese drastische Maßnahme: Frauen, die aus diesem legendären Hamsterrad nur einmal herausspringen, erkennen den Vorteil. Sie geraten dann nicht mehr so schnell wieder hinein und nehmen einen kleinen Kinderwunschurlaub gerne in Ihre nächste gemeinsame Strategie auf.

Verlust und Trauer

Was für gescheiterte Empfängnisversuche gilt, gilt umso mehr für Fehlgeburten: Gönnen Sie sich eine Pause. Nehmen Sie sich ausreichend Zeit für den Abschied. Zögern Sie im Bedarfsfall nicht, sich krankschreiben zu lassen.

Gar nicht so wenige Frauen neigen dazu, in Phasen der Trauer ebenfalls wieder auf ihre »Flucht nach vorne«-Strategie zurückzugreifen. Das wird sie umso mehr erschöpfen und es funktioniert vor allem nur sehr selten. Der Wunsch nach einem Kind innerhalb der Trauerzeit unterscheidet sich vollkommen von einem außerhalb dieser. Hier scheint es, als wolle die Kinder-   In der Trauer wird wunschfrau dem Tod mit aller Kraft neues   man nicht schwanger. Leben entgegensetzen.

Das ist ein wirklich verständlicher Vorsatz, doch in der Praxis verwirklicht er sich in der Regel nicht. Mutter Natur hat es aber klug eingerichtet, sodass sich dieser Wunsch nach einem Folgekind nicht erfüllt. Keine Mutter und kein Vater möchte wirklich in Kauf nehmen, dass ein Baby als »Ersatz« für ein anderes kommen soll.

Wir können den Kinderwunsch innerhalb des Trauerprozesses eher als Ausdruck der Liebe zu dem Kind verstehen, welches gerade gegangen ist. Schätzen Sie diese natürliche und richtige Liebe wert und nehmen Sie sich ausreichend Zeit, diese auch genau auf Ihr verlorenes Kind zu richten. Für diesen Prozess braucht Ihr Unterbewusstsein eine gewisse Zeit, aber es wird ihn allein in Gang bringen und auch vollenden. Darauf können Sie vertrauen.

Es ist sehr wichtig, dass Sie diesen Prozess nicht unterbrechen. Nehmen Sie Ihren verschiedenen Gefühle der Trauer nicht die Möglichkeit, zum Ausdruck zu kommen. Kürzen Sie auch nicht den Weg zum nächsten Kind ab, indem Sie sich beispielsweise Hals über Kopf in die nächste Runde einer künstlichen Befruchtung begeben.

Solange Trauer fließen kann und immer wieder zum Ausdruck kommt, befinden Sie sich in einem Heilungsprozess. Sie werden spüren, dass sich Ihre Trauer im Laufe der Zeit verändert. Dieser schmerzhafte Prozess ist der schnellste Weg, die Trauer zu verarbeiten. Jeder Versuch, sie zu verdrängen, wird den Trauerprozess nur verlängern und somit auch die Aussicht auf eine neuerliche Empfängnis.

Der Prozess des Trauerns ist komplex und sehr vielschichtig. Nicht umsonst gibt es viel Literatur dazu. Oft gerät man unerfahren und vollkommen unvorbereitet in ihn hinein. Da kann es schnell passieren, dass man glaubt, keinen Ausweg zu finden. Scheuen Sie sich Holen Sie sich Hilfe. daher nicht, in einem solchen Fall Hilfe hinzuzuziehen.

Es gibt viele Internetforen, in denen man sich informieren und mit anderen Betroffenen austauschen kann. Das ist zwar eine sehr moderne Form der Trauerbegleitung, aber sie funktioniert oft wunderbar.

Es existieren viele regionale Selbsthilfegruppen, die ausgezeichnet arbeiten. Schließlich besteht immer noch die Möglichkeit einer Trauertherapie, wenn die Betroffenen diese verzweifelte Phase allein nicht bewältigen können.

Wochenbettdepression

Sollte sich Ihre Frau nach einer Geburt oder Fehlgeburt nicht wieder erholen, scheint sie ungewöhnlich geschwächt und kraftlos, gar depressiv, dann kann sie unter einer Wochenbettdepression leiden. Eine Wochenbettdepression ist ausschließlich hormonell gesteuert. Sie verschwindet nach dem ausgleichenden Eingriff in die Hormonbalance wie über Nacht vollständig. Leider erkennen betroffenen Frauen oft sehr spät, dass sie an einer solchen Depression leiden. Meist haben sie das Gefühl, psychisch erkrankt zu sein, was sie unbedingt vertuschen möchten, auch vor sich selbst. Den wenigsten unter ihnen gelingt es, sich zu outen. Eine befreundete Kollegin von mir hat über Jahre hinweg Frauen und besonders auch Mütter mit einer Wochenbettdepression begleitet, immer inkognito. So sehr schämen sich die betroffenen Frauen. Der schwierigste Schritt ist die Erkenntnis, was wirklich mit ihnen los ist. Meist hilft dann einfach nur die Ergänzung von natürlichem Progesteron in Cremeform.

Was passiert aber im Körper? Bei einem ausbleibenden Eisprung produziert der Körper eine gewisse Zeit lang kein Progesteron. Dabei handelt es sich um das Hormon, das alle Frauen nicht nur nach dem Eisprung, sondern auch nach Geburten mit der notwendigen Kraft ausstattet, ein Neugeborenes zu versorgen. Fehlt dieses, dann sinkt die Kraftreserve einer solchen Frau regelrecht auf null. Ihr fehlen dann Energie, Schlaf und Freude. Es war das Lebenswerk der englischen Gynäkologin Katharina Dalton, Frauen mit einer Wochenbettdepression zu behandeln und sie von dem Stigma einer psychischen Krankheit zu befreien. Sie stellte dabei fest, dass das natürliche, naturidentische Progesteron dem chemischen vorzuziehen ist.

Unterstützen Sie Ihre Frau schon bei den ersten Anzeichen einer Wochenbettdepression.

5. Kapitel

Zur ursprünglichen Sexualität
zurückfinden

Wie ich bereits erwähnt habe, werden in der Kinderwunschzeit die Rollen der meisten Paare anders verteilt: Hier geht meist die Frau voran, und Sie als Mann werden zum Mitmacher. Natürlich gibt es in dieser Zeit Bereiche, in denen Sie eher tonangebend sind.

Bisher wollte ich Ihnen Hilfestellungen und Tipps geben, wie Sie Ihre Frau bei der Bewältigung von Kinderwunschkrisen unterstützen können. Jetzt geht es um ein Gebiet, auf welchem Sie dank Mutter Natur über natürliche Begabungen und hervorragende Instinkte verfügen: die Erhaltung der Art.

Männer vor!

Männer erkennen mehr und mehr ihre ungünstige Position auf dem Spielfeld des Kinderwunsches und beginnen, sich anders und besser aufzustellen.

Noch bis vor kurzer Zeit war es unvorstellbar, dass mich ein Wunschvater anrufen würde, um einen Termin in meiner Praxis ohne seine Frau zu vereinbaren. Erst beim zweiten Mal wollte er gemeinsam mit seiner Partnerin vorbeikommen. Zunehmend bitten mich auch Frauen um Rat, wie sie ihren seelisch erschöpften Männern helfen könnten. Frauen sind insgesamt viel vorsichtiger und sensibler geworden und überlegen sehr genau, was sie ihren Partnern zumuten können, wenn es um ihren gemeinsamen Kinderwunsch geht – eine sehr positive Entwicklung.

Hände weg vom Kalendersex

In der Realität verhält es sich bei vielen Kinderwunschpaaren so, dass der Wunsch nach einem Kind in die Sexualität eingreift. Was zuvor von körperlichen, emotionalen und instinktiven Impulsen ausgelöst wurde, soll nun der Kopf steuern. Die Sexualität gerät dadurch im wahrsten Sinne des Wortes unter falsche Leitung.

Es ist bemerkenswert, dass sich vorwiegend Männer, die noch kein Kind gezeugt haben, auf eine solche Fehlsteuerung einlassen. Diejenigen unter ihnen, die bereits eigene Kinder haben, ziehen schneller die Notbremse. In Gesprächen erzählten sie mir, Kalendersex nicht lange durchgehalten zu haben. »Das kann so nicht funktionieren«, sagen diese Väter. Schließlich wären die anderen Kinder auch unter »normalen« Umständen gezeugt worden.

Kalendersex bietet keine Garantie für eine Empfängnis.

In meiner Praxis habe ich noch von keinem Fall gehört, wo ausschließlicher und konsequenter Kalendersex zum ersehnten Wunschkind geführt hätte.

Wenn Paare mit bereits vorhandenen Kindern im Nachhinein sagen: »Wir haben es darauf ankommen lassen«, meinen sie gewiss etwas anderes als Sex nach Terminplan. Es ist nicht der Kalender, der sie zum Liebesspiel ruft, sondern es findet eine spontane sexuelle Begegnung statt, die von einer besonderen Spannung lebt und von einem wichtigen Impuls begleitet wird: Heute könnte es spannend werden.

Mit ist sehr bewusst, dass Sex zum richtigen Zeitpunkt von vielen Seiten empfohlen und befürwortet wird. Ihre Frau wird dies von Ihnen verlangen, der behandelnde Arzt Ihrer Frau, Ihr Urologe oder Androloge, das Team im Kinderwunschzentrum und vermutlich auch Ihre Freunde und Vertrauten werden Ihnen dazu raten. Alle scheinen auf das Rezept »Sex zum richtigen Zeitpunkt« zu setzen. Dabei stört offenbar niemanden, dass Sex nach Zeitplan nicht optimal funktioniert.

Der Preis, ein solches Experiment zu wagen, ist hoch, denn es findet in der intimsten und wohl glücklichsten Sphäre Ihrer Ehe statt.

Spielen Sie folgende Gedanken und ihre Implikationen durch: In den Partnerschaften, in denen viele Kinder gezeugt werden, findet ein regelmäßiges und von Gefühlen und Instinkten initiiertes Sexualleben statt. Dieses Modell hat sich eindeutig bewährt. Was geschähe aber, wenn solche Väter plötzlich zum »richtigen« Zeitpunkt ein Kind zeugen sollten? Das große Problem wäre doch, dass ihnen Sex nach Terminplan auf Dauer wenig Freude machen würde. Verlangen und Spontaneität, die Glückskomponenten einer erfüllten Sexualität, würden allmählich verloren gehen. Das

Resultat wäre, dass die Angelegenheit krampfhaft und damit lusttötend würde.

Würde die Natur eine Zeugung in Absicht und Vorsatz vorgesehen haben, dann würde seit Anbeginn der Zeit dies nach diesen Regeln funktionieren. Eine Zeugungsabsicht hätte Tradition. Doch es ist doch genau andersherum. Unsere vorhandene Tradition lebt von einer absichtslosen Zeugung. Und die Impulse dafür erhalten wir über unsere Instinkte.

Wenn Sie sich auf eine Phase Kalendersex einlassen möchten oder müssen, dann bitte nur ergänzend zu Ihrem lustgesteuerten Sexualleben. Dieses ist vielen Paaren mit einem unerfüllten Kinderwunsch oft verloren gegangen.

Die Kraft der Instinkte

Fassen wir noch einmal zusammen: Der Instinkt eines Mannes verleiht ihm den Wunsch, möglichst viele Kinder zu zeugen. Dies ist also seine Rolle in der Erhaltung der Art: Quantität.

Die Instinkte der Frau hingegen sichern die Qualität der Nachkommenschaft. Ihr Anliegen besteht nicht in erster Linie darin, viele Kinder zu gebären, sondern sicherzustellen, dass die Erbmasse eine gesunde ist und kompatibel mit ihren eigenen Genen.

So sichern Mann und Frau zwar gemeinsam den Fortbestand ihrer Sippen, wobei sie unterschiedliche Rollen einnehmen, die sich seit Urzeiten ergänzen. Vielleicht erinnern Sie sich noch an meine Erfahrung mit unserem Meerschweinchenrudel.

Es entspricht nicht unbedingt unseren Vorstellungen von Kultiviertheit, den Instinkt und die Triebhaftigkeit in unserem Liebesleben anzuerkennen. Und doch wirken sie durch uns. Werfen wir einen Blick in die Natur, die uns immer wieder viel lehren kann, auch über unsere Sexualität.

Begeben wir uns dafür in einen afrikanischen Urwald. In Gedanken beobachten wir ein Gorillamännchen, einen sogenannten Silberrücken, und sein Verhalten insbesondere den weiblichen Mitgliedern des Rudels gegenüber. Ein Silberrücken möchte möglichst viele Nachkommen zeugen. Als Anführer ist er in der Lage, sein Rudel stark zu halten, es zu vermehren und zu verteidigen. Die Gorilladamen sind die Hüterinnen der »guten« Gene. Ihr Interesse ist es, gesunde Nachkommen zu gebären, und dies unter optimalen Bedingungen, auch für die Brutpflege. Wüsste unser Silberrücken um den richtigen Zeitpunkt zur Zeugung, dann würde er auf das geringste Signal hin schnurstracks zeugen und damit die Gorillaweibchen in ihrer Funktion der Qualitätssicherinnen »aushebeln«. Das lässt die Natur bei Primaten aber nicht zu. Sie sichert sich lieber doppelt ab, sodass nicht mal die Gorilladame den »besten« Zeitpunkt für ihre Empfängnis kennt.

Wie raffiniert die Kräfte der Natur diese besondere Balance von Qualitäts- und Quantitätsinteressen bewirken, erkennen wir auch in unseren menschlichen Partnerschaften: Sobald eine Kinderwunschfrau damit beginnt, ihren Zyklus mithilfe eines Fieberthermometers oder eines Zyklusmonitors zu kontrollieren, um den Zeitpunkt des Eisprungs zu ermitteln, kann es passieren, dass er unregelmäßig wird.« Andere Frauen haben sich nach allen Regeln der Kunst einen kleinen Einblick in ihre potenziell optimale Empfängniszeit verschafft. Trotz diesem Wissen können sie keine Empfängnis bewirken: selbst nicht bei einem sehr präzisen Zyklus, einer guten Spermienqualität ihrer Partner sowie bei konsequentem Kalendersex.

Aus Erfolg und Misserfolg können wir viel lernen. Warum stellt sich dieser Lernerfolg in Sachen Kalendersex nicht ein? Viele Paare führen ihre sexuellen Bemühungen nach Terminplan fort, obwohl dies nicht zum gewünschten Ergebnis führt. In aller Regel hören sie erst dann auf, wenn sie vollkommen erschöpft sind von der Anstrengung, nach errechneten Zeitpunkten und nicht aus Lust und Leidenschaft miteinander zu schlafen.

Den Instinkten folgen.

Einen Zeugungszeitpunkt gezielt zu nutzen, scheint also nicht unbedingt Erfolg versprechend zu sein. Hierbei sollte man sich besser auf seine Instinkte verlassen.

Ganz theoretisch ausgedrückt bedeutet das: Ein jeder Mann, der regelmäßig ejakuliert, steht in einem permanenten Kontext zur Lebensdauer seiner Spermien und entwickelt gemessen an dieser Lebensdauer auch pünktlich das Bedürfnis zu einem neuerlichen Beischlaf.

Regelmäßige Sexualität

Wir können noch etwas anderes vom Sexualverhalten des Silberrückens lernen. Je nach Lebensdauer seiner Spermien variiert er seine Begattungsabstände. Er hat ein vitales Interesse daran, stets einige zeugungsfähige Spermien im Befruchtungsraum seiner Gorilladamen zu deponieren. Leben seine Spermien länger, wird sein Begattungsimpuls später einsetzen, leben sie kürzer, wird er früher aktiviert.

Eines wird der Silberrücken sicherlich nicht tun: Den ganzen Monat über keinen Sex haben und dann alle Karten auf einen bestimmten Zeitraum setzen. Seine Strategie lautet klar: permanent seine *Je öfter, desto besser.* und möglichst nur seine Spermien im Befruchtungsraum des Weibchens parat zu halten.

Frischverliebte Jugendliche und Erwachsene erinnern mich in ihrem sexuellen Muster oft an die Strategie des Silberrückens.

Erst mit fortschreitendem Alter verändert sich diese Strategie. Das fällt traditionell in eine Lebensphase, in der viele bereits mehrere Kinder gezeugt haben und die Kraftreserven, diese Kinder auch angemessen großzuziehen, fast leer sind. Es ist dann so, als änderten sie unbewusst ihre Strategie entsprechend der Familienplanung.

Durch die Verschiebung des Kinderwunsches in einen späteren Lebensabschnitt beruhigt sich die sexuelle Aktivität, ganz dem Altersabschnitt entsprechend. Allerdings fehlt noch ausreichend Nachwuchs. Und hier haben wir unser

Problem: Es fehlen die verliebten Phasen, die Zeiten, in denen man einfach nicht voneinander lassen konnte, Zeiten, in denen man auch mal die Schule, die Uni oder gar den Job schwänzte, weil das, was hier und jetzt in der Partnerschaft anstand, der Mittelpunkt des Lebens zu sein schien.

Ich stelle allen meinen Kinderwunschpatienten deshalb stets die Frage: »Wie weit habt ihr euch von dem Liebespaar entfernt, das ihr früher gewesen seid?«

Wie schnell geschieht es, dass wir die wesentlichen Dinge im Leben aus den Augen verlieren? Selten war der berufliche und damit existenzielle Druck so stark wie heute. Da kann es schnell passieren, dass man sich – auch ohne einen unerfüllten Kinderwunsch – verirrt.

Ist der Wunsch nach einem Kind aber vorhanden, verleiht er dieser wichtigen Frage eine größere Brisanz. Und es fällt den Menschen in der Regel leicht, hier aktiv zu werden und die Partnerschaft wieder etwas mehr in den Mittelpunkt zu stellen.

DIE GLÜCKSTEMPERATUR IM AUGE BEHALTEN

Ein Paar, das erkannte, wie weit es sich voneinander entfernt hatte, schrieb mir, dass es sich ein »Beziehungsbarometer« ausgedacht hätte. Jeden Freitag gibt es auf einer Skala zwischen eins bis zehn eine Einschätzung darüber ab, wie gut sich die Beziehung anfühlt. Anhand der Einschätzung wird das Wochenende geplant. Das Paar bezeichnete diese Maßnahme wortwörtlich als »Jungbrunnen«.

Ich finde diese Idee wunderbar. Auch andere Paare, denen ich davon erzählte, haben es übernommen. Manche haben das Gefühlsbarometer aus Pappe ausgeschnitten und an die Küchentür geklebt, mit einem Pegelstandsanzeiger, der an einer Wäscheklammer befestigt ist. Regelmäßig korrigieren sie den Pegel, wenn sie daran vorbeigehen. Es ist eine kleine Spielerei, die auch in Krisen hilfreich sein kann.

Finden Sie als Paar selbst heraus, was Ihnen am meisten zusagt, um Ihr gemeinsames Glück zu erhalten. Lassen Sie nicht zu, dass Sie Ihr Glück aus den Augen verlieren. Manchmal treffe ich auf Paare, denen die Lust auf Sex vergangen ist, da sie über Jahre nur zum »richtigen Zeitpunkt« miteinander geschlafen haben. Erfahrungsgemäß ist es für beide Partner außerordentlich bedrückend, sich aus dieser Situation heraus für eine künstliche Befruchtung zu entschließen.

Sollten Sie sich je in eine solche Sackgasse manövriert haben oder feststellen, dass Sie auf dem besten Weg dorthin sind, dann scheuen Sie sich nicht, einen Paartherapeuten oder eine -therapeutin aufzusuchen. Meistens genügen einige wenige Termine.

Entscheiden Sie selbst, welche Dinge oder Aktivitäten Sie früher so liebten. Erinnern Sie sich, welch einen Kokon Sie einst um sich und Ihre Partnerin gewebt hatten, in dem Sie immer geblieben waren, ob Sie nun eine Fahrradtour zu zweit unternommen haben oder an einem verregneten Wochenende entspannt im Bett geblieben sind? Einen solchen Kokon kann man sogar weben, wenn man mit mehreren Menschen unterwegs ist. Alles ist also möglich, wenn nur Ihre Aufmerksamkeit wieder auf den Menschen gerichtet ist, der Ihnen am wichtigsten ist.

Sexualität ist nicht nur eine wichtige Ressource in der Kinderwunschzeit, sie hat in unserem Leben allgemein eine wichtige Bedeutung. Natürlich sollen und können Sie sich nicht einfach vornehmen, ab sofort häufiger miteinander zu schlafen – das würde zu nichts führen. Es verhält sich anders: Die Häufigkeit und besonders auch die Qualität unserer sexuellen Handlungen spiegeln die Qualität unserer Partnerschaft wider.

Lassen Sie sich von niemandem vorschreiben, wie Sie Ihr Sexualleben zu gestalten haben. Ein unbelastetes Intimleben ist eine Ihrer größten und wichtigsten Ressourcen in der Kinderwunschzeit.

Über Ihre Sexualität entscheiden allein Sie.

Rettet die Spermien!

Den »richtigen« Zeitpunkt gibt es demnach nicht, lediglich eine »richtige« Sexualität. Diese ist beständig und von sich aus regelmäßig, weil sie von Instinkten gesteuert wird, bei denen man grob zwei unterscheiden kann.

Zur Zeit des Eisprungs verändert sich nicht nur der Körper der Frau, sondern sie wird in vielerlei Hinsicht empfänglicher. Sie ist sexuell ansprechbarer, ihre Orgasmusfähigkeit hat ein höheres Potenzial als sonst, ihr Körper fühlt sich geschmeidiger an – auch emotional kann sie weicher sein. Gerade in dieser Zeit ergreift oft die Frau die Initiative zum Liebesspiel.

Die Instinkte des Mannes lassen ihn sexuell anders handeln. Sie unterstützen ihn auch dabei, sein Ejakulat in einer optimalen Fitness zu erhalten. Genauso wie der Silberrücken erhält er instinktgesteuerte Impulse, um in dem zeitlichen Turnus zu ejakulieren, in dem seine Spermien ihre Stellung im Befruchtungsraum halten können. Es gibt unterschiedliche Phasen im Leben; in manchen kommt dieser instinktive Impuls zur Ejakulation ungefähr alle fünf bis sieben Tage vor, in anderen Phasen vielleicht alle zwei bis drei Tage. In der Pubertät, wenn der Körper seine Leistungsfähigkeit zur Fortpflanzung erst aufbauen muss, können tägliche Ejakulationen stattfinden. Dies mag den Umstand erklären, weshalb der Jugendliche auch nachts von sich aus ejakuliert. Es entspricht einem regelrechten Training.

Ein regelrechtes Fitnessprogramm für ein optimales Ejakulat findet auch bei der Masturbation statt. Und die Wissenschaft hat längst evaluiert: Masturbation verbessert die Spermienqualität.

Masturbation – Trainingsrunden zur Sicherung der Spermienqualität.

Wir können uns also eine der größten Fruchtbarkeitskräfte unmittelbar zu Nutze machen, wenn wir sie nur erkennen und respektieren. Erlauben wir also den Instinkten, durch uns zu wirken, anstatt in sie einzugreifen. Lassen wir uns respektvoll von den Kräften der Natur leiten. Steuern wir diese nicht krampfhaft, sei es durch theoretische Experimente wie ausschließlichen Kalendersex, erziehungsbedingte ungesunde moralische Ansprüche oder sonstige fehlgeleitete Vorstellungen.

Unsere sexuellen Anschauungen haben sich schon seit langer Zeit von überflüssigen moralischen Grundsätzen befreit. Sex und Masturbation sind ein sichtbares Zeichen der Natur, ihre eigene Art zu erhalten.

Fassen wir nochmal zusammen: Regelmäßige Ejakulationen halten Ihren Testosteronspiegel fit, der wiederum für die permanente Neubildung der Spermien zuständig ist, der Spermatogenese.

Ich kann Ihnen versichern, dass an Ihnen und auch an Ihren instinktiven Impulsen alles richtig ist. Es handelt sich um einen von der Natur wohl durchdachten Kreislauf: Ejakulieren Sie so oft Sie möchten und vor allem: wann immer Ihr Instinkt Sie dazu animieren möchte. Regen Sie so Ihren Testosteronhaushalt an, um die Qualität Ihrer Spermien zu bewahren oder gar zu verbessern.

Hierzu gehört auch definitiv der Impuls zur Masturbation. Manchmal kann es einem schwerfallen, sich dies offen einzugestehen. Zu groß ist die Gefahr, dass sich die Partnerin dadurch verletzt und verunsichert fühlt, weil sie es womöglich auf sich selbst bezieht und daraus ableitet, nicht mehr attraktiv genug zu sein.

Vergessen sollte man dabei nicht, dass auch Frauen onanieren, nur fühlen sich ihre Partner dadurch meistens nicht gekränkt. Im Gegenteil – viele Männer erfreuen sich daran.

In der Kinderwunschzeit kommt es leider oft zu der Vorstellung, dass ein durch Selbstbefriedigung erzeugtes Ejakulat eine Vergeudung der kleinen so wertvollen Kriegerchen wäre. Das trifft für die Armeen der Spermien aber nicht zu, sie werden regelrecht faul und schlapp, wenn sie nicht fortwährend gefordert werden. Deshalb ist Enthaltsamkeit hier sicher eine falsche Vorsichtsmaßnahme.

Ich weiß, dass einige Frauen ihren Partnern aus Angst vor einer »Vergeudung« das Masturbieren regelrecht untersagen. Da hilft nur Information, Aufklärung und Verständnis.

Karenzen während des Kinderwunsches **Karenzen bringen** sind Zeiten, in denen ein Mann seine Spermi- **keinerlei Vorteile.** en regelrecht »aufhebt« für einen vielversprechenden »Treffer«, der zu einem festgelegten Termin erfolgen soll. Karenzen sind jedoch vor allem das Resultat eines Missverständnisses, das aus den Prozeduren der Spermiogrammkultur entstand.

Urologen und Andrologen fordern im Vorfeld einer Spermienprobe die Probanden dazu auf, einige Tage vor Abgabe nicht zu ejakulieren. Ergebnisse sollten nicht verzerrt werden, wenn beispielsweise ein Mann zwei Stunden zuvor mit seiner Frau geschlafen hatte. Inzwischen ist sich die Fachwelt vollkommen einig, dass Karenzen der Spermienqualität nicht guttun, sondern ihr regelrecht schaden. Die Bitte um Karenz wird von den Praxen aber weiterhin aufrechterhalten, um standardisierte Ergebnisse zu erhalten. Das sind Resultate, die man nur dann erhält, wenn sie unter gleichen oder ähnlichen Bedingungen entstanden sind. Das gilt für die Ergebnisse verschiedener Spermiogramme ein und desselben Mannes. Aber diese standardisierte Herangehensweise dient auch Erhebungen und Studien, in denen lange zurückliegende Ergebnisse mit aktuellen verglichen werden sollen. Das bedeutet für Sie als Mann: Eine Karenz präzisiert wissenschaftliche Resultate, sie verbessert aber nicht Ihre Spermienqualität. Bleiben Sie daher selbst der Hüter Ihrer Spermien!

Eine kleine Spermienkunde

Die freie Erforschung der Spermien endete Ende der Neunzigerjahre abrupt. In dieser Zeit war man mit der künstlichen Befruchtung so weit vorangekommen, dass die Kinderwunschzentren flächendeckend über das ganze Land wie Pilze aus der Erde schossen. Die Beobachtung und weitere Erforschung der Spermien verlagerte sich nun auf Laborbedingungen und darauf, mit welchen Erkenntnissen und ausgeklügelten Techniken eine künstliche Befruchtung bessere Erfolge erzielen kann. Ein sehr wichtiger Forschungszweig entwickelte sich demnach. Er kann uns allerdings nicht weiterhelfen, wenn es darum geht, die Prozesse einer natürlichen Empfängnis zu verstehen.

Werfen wir hierfür einen Blick auf die Ergebnisse einer ganzheitlichen Forschung, die der Wissenschaftler Robin Baker und andere noch bis in die Neunzigerjahre betrieben haben.

Der Verhaltensforscher Konrad Lorenz war ein dezidierter Verfechter dieser ganzheitlichen Methode. Er war der Meinung, dass man nicht viel über Wildgänse herausfinden könne, wenn man Strichlisten darüber führe, ob sie an einem bestimmten geografischen Punkt nach links oder nach rechts fliegen, um darüber zu erkennen, unter welchen Gesichtspunkten sie ihre Flugrouten wählen. Er entschied sich daher, ganz nah bei den Wildgänsen zu leben und sie einfach nur zu beobachten. So fand er beispielsweise heraus, dass es die Wildganseltern sind, die über einen Zeitraum von zwei Jahren ihren Jungen genau die Strecken beibringen, die sie selbst zu fliegen pflegen. Die Flugrouten werden also erlernt. Keine Strichliste der Welt hätte dieses Phänomen ans Tageslicht gebracht. Ebenso wenig wie die Tatsache, dass Wildgänse trauern können, und schon gar nicht, auf welche Weise sie das tun. Derartige Einblicke gewinnt man nur durch eine freie und beobachtende Forschung, die nicht unter Laborbedingungen stattfindet, sondern vor Ort. Wenn wir also wissen wollen, warum Spermien in ihrer Qualität variieren und welche Funktion diese Variabilität hat, dann helfen auch hier keine Experimente unter rigiden medizinischen Parametern, sondern freie Beobachtungen.

Genau dies tat Robin Baker. Er zog mit einer Gruppe Studenten in ein spanisches Biotop, welches gepflegt und beobachtet werden sollte. Gleichzeitig aber verkündete Baker seinem Team, dass er auch an menschlichen Spermien forsche und dazu Ejakulate aus unterschiedlichen »Situationen« benötigte.

Diese untersuchte er immer auch im Hinblick auf die sozialen und emotionalen Umstände, unter denen sie jeweils entstanden waren. So gab es feste Paare unter den Studenten wie auch Singles. Es gab Seitensprünge, Eifersucht und Routinesex. Später veröffentlichte er seine brisanten Theorien und erstaunlichen Forschungsergebnisse in dem Sachbuch *Krieg der Spermien*.

Dank ihm und anderen wissen wir heute: Spermium ist nicht gleich Spermium. Denn es gibt verschiedene Aufgaben für den Mann zu erfüllen, wenn er instinktiv seinen Samen, und zwar nur den seinen, dafür nutzen möchte, um eine möglichst große Nachkommenschaft zu zeugen. Hierfür ist es wichtig, die Spermien von Konkurrenten auszuschalten und sie fortwährend zu bekämpfen. Dies geschieht einerseits über Killerspermien, die im wahrsten Sinne des Wortes kleine Krieger sind. Sie sind ausgestattet mit einem Enzym, welches Konkurrenzspermien ausschaltet. Bei massivem Einfall konkurrierender Spermien entwickeln sie sogar Strategien und tun sich zusammen, um schneller vorwärtszukommen. Je länger ein Konkurrenzkampf dauert, desto mehr Killerspermien bilden sich.

Unmittelbar nach der Ejakulation verteilen sich die Killerspermien an strategisch wichtigen Orten. Einige positionieren sich gleich am inneren Eingang des Muttermundes, um potenziellen Konkurrenten »aufzulauern«. Damit sie diese günstige Position auch dauerhaft sichern können, verkriecht sich ein Teil von ihnen in den kleinen Falten und Höhlen, die sich dort befinden. Sie schonen ihre Kräfte, um die anderen im Kampf um die »Alleinspermienschaft« abzulösen, sobald sie ihre Wache nach einigen Tagen nicht mehr wirkungsvoll halten können und sterben.

Ein weiterer Spermientrupp schwimmt zum Befruchtungsraum und wacht darüber, dass kein fremdes Spermium an die Eizelle gelangen kann. Der Rest »patrouilliert« regelrecht in der Gebärmutter der Frau.

Zusätzlich gibt es noch eine große Spermiengruppe, die Konkurrenzspermien überhaupt daran hindern soll, in das »eigene« Weibchen einzudringen. Sie blockieren die vielen kleinen Gänge, die sich im Schleim des Muttermundes befinden und durch das sich jedes Spermium erst einmal hindurcharbeiten muss. Rund die Hälfte aller Spermien zählen zu den Blockierern, die sogar abgeknickte Schwänze oder sogar zwei Köpfe haben, um ihre Aufgabe besser erfüllen zu können. Die Blockierer kommen aufgrund ihrer Aufgabe nicht weit. Sie verstopfen die kleinen Gänge des Cervixschleimes und nisten sich dort ein. Rund die Hälfte aller Spermien sind solche Blockierer.

Sollten Sie einmal in der Auswertung Ihrer Spermienqualität lesen »morphologisch deformiert«, dann ist das also keinesfalls ein Gendefekt im eigentlichen Sinne, sondern eine ganz normale Erscheinung, die zu einem vollständigen Spermienheer dazugehört.

Nur der geringste Teil aller Spermien ist für die Zeugung zuständig. Man nimmt an, dass ihr Anteil bei ungefähr einem halben Prozent liegt. Sie sind normal geformt und normal beweglich. Sie begeben sich unverzüglich in den Befruchtungsraum, um dort zu warten. Um ihre Kräfte zu schonen, gehen sie regelrecht »schlafen«. Sie kringeln sich ein, bewegen sich nicht und ruhen sich aus. Sobald aber ein Eisprung stattfindet, werden sie äußerst aktiv. Manche schwimmen dabei unaufhörlich im Kreis, weshalb sie als Kreisschwimmer bezeichnet werden.

Wir können erkennen, dass Spermien also hervorragend organisiert sind. Sie sind außerordentlich teamfähig und teilen ihre Kräfte gut ein. Und: Sie passen sich als Ganzes auch immer den aktuellen Begebenheiten an.

Kommen wir nochmal auf das Beispiel aus dem Tierreich zurück: Sollte dem Silberrücken eines seiner Weibchen für zwei Tage verloren gehen, wird er seine Fortpflanzungsstrategie ändern: Das Zeugen tritt in den Hintergrund, sogar sein Ejakulat setzt sich in der Folgezeit anders zusammen. Jetzt muss er nämlich sicherstellen, dass kein anderer Gorilla Spermien in sein Weibchen einzubringen versucht hat. Sein Spermium wird daher einen noch höheren Anteil an Blockierern und vor allem Killern produzieren.

Geraten Männer in eine vergleichbare Situation, kann eine ähnliche Reaktion instinktiv erfolgen. Besteht also theoretisch auch nur die Möglichkeit einer Gefahr, dass ihre Partnerinnen fremdgegangen sein könnten, werden sich die Spermien anders zusammensetzen und mehr Killerspermien produzieren. Die Frage ist hier nur: Setzten die Instinkte diesen Mechanismus erst in Kraft, nachdem die Frau zwei Wochen lang allein im Urlaub gewesen war, oder bereits nach einem Tag außer Haus?

Diese Auslöser sind individuell und mit dem Verstand nicht zu steuern. Im ungünstigen Fall verfügt ein Mann über eine nur geringe Abwesenheitstoleranz und produziert dadurch fortwährend vermehrt Killerspermien. Sein Abwehrprinzip würde langfristig vor der Zeugungsabsicht stehen. Vielleicht würde ihm ein gemeinsamer Urlaub helfen, endlich wieder auf »Zeugen« umzuschalten.

Je sicherer sich ein Mann im Unterbewussten ist, alleiniger Liebhaber zu sein, desto weniger Killerspermien wird und muss er produzieren. Je vertrauter ein Paar sich insgesamt ist, desto weniger Krieg führen die Spermien. Viele Männer haben den Impuls, sobald sie ein Hotelzimmer beziehen, sofort mit ihrer Partnerin schlafen zu wollen. Auch dies rührt von einem Gebietskampf her, als müssten sie auch an einem neuen Ort ihre Spermiendominanz sichern.

Sind diese Heerscharen an Killerspermien erst einmal platziert, dann wird sich die Natur wieder durchsetzen wollen und verstärkt auf Zeugung setzen. Spermiogramme würden dann eine erhöhte Zahl der wenigen Spermien feststellen, die allein für die Zeugung zuständig sind. Diese Strategie soll potenziellen Spermienkonkurrenten, denen es doch noch gelungen ist, zeugungsfähige Spermien im Befruchtungsraum zu deponieren, auch jetzt noch zuvorzukommen.

Was bedeutet dies nun für Sie als Mann?

Nicht eine Karenz, sondern eine fortwährende sexuelle Kommunikation mit Ihrer Partnerin spricht vermutlich für die beste Zeugungsaussicht. So können Sie am besten gewährleisten, dass der Spermienkrieg nicht auf Hochtouren läuft.

Dabei haben auch »langsamere« Spermien eine Chance, zum Befruchtungsraum zu gelangen: Man hat dann zur Absicherung schon ein paar Tage vor dem Eisprung die ersten auf die Reise geschickt.

Mehr Wissenswertes über Spermien

In der Zeit vor dem Eisprung sind beide Partner sexuell ansprechbarer als sonst. Nutzen Sie als Paar diese Gelegenheit auch, denn wenn eine reife Eizelle ins Spiel kommt, laufen die Spermien regelrecht zur Höchstform auf.

Wissenschaftler konnten nachweisen, dass sich die Spermien eines Mannes, der mehr Lust beim Sex empfindet, auch schneller bewegen.

Erfolgt die Ejakulation unmittelbar *vor* dem Orgasmus der Frau, erhalten die Spermien eine regelrechte Starthilfe: Der Muttermund taucht dann weiter in die Vagina und »saugt« das Ejakulat regelrecht bis tief in die Gebärmutter hinein.

Wenn man sich nur ein wenig mit dem Leben und Wirken der Spermien befasst, dann erhöht sich der Respekt vor den Wundern der Natur und vor allem vor ihren zahlreichen Ausgleichsmechanismen.

Künstliche Maßnahmen wie Terminsex, der Kopfstand danach oder andere theoretische, vom Kopf gesteuerte Maßnahmen können kaum gelingen. Unsere Instinkte, die ja unsere Fortpflanzung garantieren wollen, und unser Unterbewusstsein sind da die weitaus besseren Wegweiser.

Halten Sie sich daher lieber an den Grundsatz, der ohnehin der schönste von allen ist: Gut und gesund ist lustvoller und regelmäßiger Sex in einer glücklichen Partnerschaft.

6. Kapitel

Machen Sie sich Ihr Unterbewusstsein
zum Partner

Unser Gehirn ist ein Wunderwerk der Datenverarbeitung und es steuert unsere gesamten bewussten Vorgänge. Es funktioniert wie eine große, sich selbst erhaltende und sichernde Festplatte – und ist darüber hinaus sogar lernfähig.

Parallel zu dieser ersten Festplatte läuft eine zweite fortwährend mit, die für unbewusste Vorgänge zuständig ist. Unser Unterbewusstsein steuert körperliche Vorgänge, die gleichsam automatisch ablaufen wie die permanente Anpassung unseres Herzschlages an alle erdenklichen Situationen, unsere Atmung und Verdauung. Es steuert zudem den Bereich unserer Gefühle wie Angst, Freude, Sehnsucht und Liebe.

Es heißt, dass diese zweite Festplatte um ein Vielfaches größer ist als die erste und etwa 400- bis 2 000-mal schneller arbeitet.

Die Festplatte unseres Unterbewusstseins sichert sich selbst, erweitert und aktualisiert sich ständig neu. Sie kann sich selbst reparieren und ist wie unsere bewusste Festplatte lernfähig.

Kraftzentrale Unterbewusstsein

Wann immer diese beiden Festplatten konform laufen, ist alles gut im Leben, werden wir vorankommen, Tempo aufnehmen in den Angelegenheiten, die uns wichtig sind, und erfolgreich sein. Arbeiten beide Platten nicht Hand in Hand, kann das dazu führen, dass wir uns immer wieder selbst ausbremsen und auf der Stelle treten. Der Zustand ist vielen von uns bekannt: Der Verstand sagt etwas anderes als unser Gefühl.

Stellen wir uns einen Menschen vor, der als Kind fast ertrunken wäre. Er steht als Erwachsener am Strand und möchte unbedingt im Meer baden. Als Erwachsener kann er – anders als früher – schwimmen. Er geht vielleicht auf das Wasser zu, gesteuert von seinem Bewusstsein, unserer kleineren Festplatte.

Seine Angst vor dem Wasser aber ist in Dateien und Ordnern der viel größeren Festplatte des Unterbewusstseins gespeichert. Seine Angst aus Kindertagen wird sich plötzlich melden und ihn daran erinnern, dass das Schwimmen in einem tiefen Gewässer lebensgefährlich sein kann.

Egal, welche Festplatte nun siegen wird, in diesem Moment ist er nicht frei, spontan in die Wellen zu springen.

Er kann seine Angst überwinden und ins Wasser springen, wenn auch zögerlich. Wenn er es nicht gleich schafft, wird seine einst von ihm selbst erlernte Überlebensstrategie ihren Tribut fordern. Diese Angst ist eine wirksame Kraft – ob man will oder nicht. Die beiden Festplatten laufen nicht konform und blockieren die Absichten dieses Menschen.

Übertragen wir dieses Modell auf den Mann mit einem Kinderwunsch. Die Geradlinigkeit, als Mann ein Kind zu zeugen, fällt ebenfalls in den Bereich des Unterbewusstseins. Damit man eine Zeugungsabsicht zielstrebig verfolgen kann, müssen dabei auch beide Festplatten das gleiche Ziel verfolgen.

Andernfalls blockieren sich die zwei Ebenen wie bei unserem Schwimmer. Sind tief verankerte Vorbehalte, auch solche gegen das Zeugen eines Kindes, auf unserer zweiten Festplatte gespeichert, dann werden keine Pillen, keine Kügelchen, kein Karottensaft und kein Kalendersex diese beiden Festplatten in Einklang bringen. Kein noch so starker bewusster Wille vermag die gestörte Kommunikation beider Festplatten aufzuheben.

Solange Bewusstsein und Unterbewusstsein nicht die gleiche Absicht hegen, hat es keinen Sinn, mit unterschiedlichen Therapien zu experimentieren.

Der einzige und alleine Weg, diese innere Diskrepanz aufzulösen, geht über die Umprogrammierung unseres Unterbewusstseins. Da die Programmiersprache dieser zweiten Festplatte relativ einfach zu erlernen ist, kann man schon bald Großartiges damit erreichen.

Doch vorab benötigen Sie noch einige Informationen. Unser Unterbewusstsein arbeitet mit inneren Bildern.

Unser Unterbewusstsein arbeitet mit inneren Bildern.

Zu jedem Bild speichert das Unterbewusstsein auch das jeweils von uns empfundene Gefühl auf seiner Festplatte ab. Es unterscheidet äußerst subtil alle Gefühle, die wir im Alltag empfinden. Dabei rastert und sortiert es diese derart penibel, dass wir nur froh sein können, darüber nicht permanent informiert zu werden.

Stellen Sie sich Folgendes vor: Sie sitzen im Kino und sollen per Handy Ihrer Frau zuhause gleichzeitig nicht nur alle Bilder und Szenen des Filmes in allen Einzelheiten berichten, sondern haarklein auch noch Ihre eigenen Gefühle, die im weitesten Sinne mit diesen Bildern in einem Zusammenhang stehen. Spätestens nach zehn Sekunden würden Sie den Film anhalten, da all die möglichen Informationen Sie schlichtweg überrennen würden.

Daran können Sie erkennen, wie beinahe unmöglich es ist, mit der ersten Festplatte die zweite erfassen zu wollen. Unser Unterbewusstsein ist immens und hat zu allem, was wir denken, einen äußerst komplexen und differenzierten Kommentar hinzuzufügen, den wir leider häufig nicht verstehen.

Dieses Phänomen gilt auch für unseren Kinderwunsch.

In dem Moment, in dem Sie und Ihre Frau sich für ein Kind entscheiden, verarbeitet die zweite Festplatte diese Information. Sie wird sich selbst nach allen Ordnern durchforsten, in die diese neue Information hineinpassen könnte. Unser Betriebssystem führt also in Sekundenschnelle ein Update durch. Es wird Ordner mit Informationen finden, die aus seiner Sicht zum Thema Kinderwunsch passen. Und hierin liegt das Problem: Es wird uns nicht immer gefallen, welche Auswahl es trifft.

Unsere inneren Modelle der Elternschaft

So wird es beispielsweise Ihre gesamte Kindheit nach brauchbaren Informationen zum Thema Elternschaft durchsuchen. Es wird am Modell Ihrer eigenen Eltern eines parat haben, das die Grundlage für Ihre eigene spätere Elternschaft bildet – wenn auch nur vorläufig.

Deckt sich die Idealvorstellung Ihrer bevorstehenden Vaterschaft mit dem Vorbild Ihres eigenen Vaters, ist alles in Ordnung. Dann sind die neuen Informationen, die das Betriebssystem zu schreiben hat, optimal an die alten, schon vorhandenen Informationen angepasst.

Entspricht Ihre Vorstellung, einmal Vater zu sein, jedoch nicht dem Vorbild Ihres eigenen Vaters, entsteht ein Datenkonflikt beider Festplatten. Stellen Sie sich das überforderte Betriebssystem vor: In ihm sind zwei Dateien enthalten, deren Informationen sich widersprechen. Wir können uns das als kontroverse Diskussion vorstellen, die für Sie unbemerkt abläuft, während Sie beispielsweise fernsehen. Sie wird erst dann enden, wenn alle Punkte geklärt sind. Diese Schlichtung wird übrigens von Reparaturprogrammen Ihres Betriebssystems unterstützt, denn es setzt auf Stressfreiheit und Selbstheilung.

Sie selbst werden es zwar zuerst kaum bemerken, aber dieser Prozess kostet Kraft bei der Datenverarbeitung.

Je stärker Ihr Vorsatz ist, auf keinen Fall so wie ihr Vater zu werden, desto größer wird auch die Datendiskussion. Es können viele Diskussionen parallel zu unterschiedlichen Themen ablaufen. Einige könnten zum Thema Vater etwa so lauten:

- Mein Vater hat mich nicht genug unterstützt.
- Mein Vater hat mich nie verstanden.
- Mein Vater hat meine Mutter nicht verehrt.
- Mein Vater hat mich nicht respektiert.

* Mein Vater hat die Familie verlassen.
* Mein Vater ist gestorben.

Diese unbewussten Einstellungen, Wahrnehmungen und Be- und Verurteilungen können eine permanente Datendiskussion auslösen. Die »unterbewussten« Diskussionspartner vertreten dabei das Modell, an dem wir gelernt haben, die »bewussten« repräsentieren unsere eigenen guten Vorsätze für die Zukunft. Und schon endet das Thema Vaterschaft in einem babylonischen Sprachgewirr.

Das Modell Vater ist nur eines von unendlich vielen anderen Themen, die in den großen Ordner Kinderwunsch gehören. Ich nenne nur einige Bereiche, in denen wir es tendenziell eher ablehnen, diese nach den uns vorgelebten Modellen zu gestalten:

* Empfängnis
* Schwangerschaft
* Geburt
* Kindheit
* Pubertät
* Partnerschaft
* Liebe

Jeder dieser Begriffe kann nochmals viele Einzeldiskussionen auslösen. Das erhöht den Datensatz um ein Vielfaches. Diese parallel geführten Diskussionen können Sie nun von der Sendung, die Sie gerade im Fernsehen interessiert verfolgen, ablenken.

Nicht, weil Sie sich dessen bewusst sind, sondern weil Ihr Betriebssystem nicht mehr optimal arbeiten kann. Und dabei sehen Sie in diesem Moment nur fern, was mit Ihrem Kinderwunsch eigentlich recht wenig zu tun hat. Was passiert nun in einer Situation unmittelbar vor einer Zeugungsgelegenheit? Die Dateien bekommen durch diese Absicht oberste Priorität. Die Dateien »diskutieren« nicht mehr munter miteinander, sondern werden vom Betriebssystem in eine aktuelle Handlungsentscheidung herangezogen. Und Sie geraten in eine Situation, die vergleichbar ist mit der unseres Schwimmers: Er möchte ins Wasser gehen, doch seine bewussten und unterbewussten Ordner arbeiten noch nicht synchron.

Möchten Sie ein Kind zeugen und befinden sich ebenfalls in einer unklaren Situation, dann diskutiert Ihre Kommandozentrale womöglich noch.

Unser Unterbewusstsein ist genial, denn es bemerkt schneller als unser Verstand, dass es unwirtschaftlich arbeitet. Daher wird es dazu tendieren, die energieraubenden, fruchtlosen Diskussionen, die schon seit Jahren unentschieden ausgehen und deshalb immer weitergeführt werden, zu beenden.

Es kann aber nur noch auf eine einzige wirkungsvolle Art und Weise eingreifen: Es wird neue Erfahrungen und Erkenntnisse ins Spiel bringen. *Das Unterbewusstsein aktiv bei seiner Arbeit unterstützen.*

An dieser Stelle können wir erkennen, wie groß die Macht unseres Unterbewusstseins ist: Es wird uns in eine Krise manövrieren, in der wir gezwungen sind, möglichst viele der jeweils betroffenen Ordner und Dateien zu öffnen, um ihnen neue Informationen zuzuspielen.

In der Kindheit kann das mit Erfolgserlebnissen verknüpft sein. Wir lernen Fahrrad fahren und verwandeln eine Datei, in der steht:»Das kann ich noch nicht«, in eine mit dem Inhalt:»Ich kann das!« Wir verspüren einen Drang in uns, der uns immer wieder neu aufs Fahrrad steigen lässt. Dieses »Üben-Wollen« ist ein Impuls des Unterbewusstseins. Wir erhalten ihn so lange, bis die Datei umgeschrieben ist und uns bestätigt, dass wir eine neue Fertigkeit erlernt haben.

Dieser Mechanismus ist lebenslang in uns vorhanden. Und auch jetzt noch schickt er uns immer wieder in neue Übungsrunden, was uns vielleicht nicht immer mit Freude erfüllt. Bleiben wir beim Beispiel der Datei»Vater«: Es gibt Menschen, die das»Talent« besitzen, von ihrem Chef ungerecht behandelt zu werden. Dann wechseln sie, meist schon recht frustriert, den Arbeitsplatz. Doch es ist wie verhext, denn mit dem neuen Chef will es wieder nicht klappen. Was geht hier vor?

Möglicherweise maskiert der Konflikt mit dem Chef denjenigen, den wir einst mit unserem Vater hatten.

Lösen wir diesen Vaterkonflikt nicht, dann besteht aus Sicht des Unterbewusstseins weiterer Übungs- und vor allem Diskussionsbedarf. Wir üben dann in den Begegnungen mit den Chefs, wie damals als Kind mit dem Fahrrad. Und zwar nicht, bis der Chef oder das Fahrrad sich geändert haben, sondern wir uns selbst!

Mit jedem Stress, jeder Erniedrigung oder Kränkung entwickeln wir uns weiter. Wir sammeln Erfahrungen und Erkenntnisse, die uns noch fehlen, und spielen sie ins System ein. Das verhält sich auch in der Kinderwunschzeit so. Wir können uns also darauf verlassen, dass wir immer wieder in die Trainingsrunden gerufen werden. Bei einem Kinderwunsch hingegen drängt oft die Zeit. Deshalb wäre es klug, die Vorgänge hier zu beschleunigen. Dafür müssen wir dem Unterbewusstsein die entsprechenden Daten schneller und früher zur Verfügung stellen.

Es sind neue Erfahrungen, die wir brauchen, und zwar in der Sprache unseres Betriebssystems – in Bildern und Gefühlen.

Als Vertreterinnen der großen Emotionen sind Frauen oft besser in der Lage, schon während eines Gespräches innere Bilder aufzubauen und sie mit Gefühlen zu versehen. Sie spielen also nebenbei neue Informationen und Lösungen in ihr Betriebssystem ein – und sparen sich so manche Übungsrunde damit.

Männer kommunizieren eher lösungsorientiert und versuchen eher, bereits vorhandene Lösungswege zu optimieren als vollkommen neue Erfahrungen zu konstituieren.

Das gezielte und schnelle Eingreifen in unsere Datensätze geschieht heutzutage über zahlreiche Therapien. Aufgrund ihres Naturells sprechen meist Frauen besser auf derlei Therapien an. Je mehr sie dann von ihren Meditationen, Traum- und Gefühlsreisen fröhlich und begeistert erzählen, desto suspekter mögen diese ihren Partnern erscheinen. Dieses Terrain ist ihnen unvertraut.

Wie das Einspielen neuer Erfahrungen funktioniern kann

In meiner Praxis arbeite ich mit systemischen Aufstellungen. Dies ist meiner Ansicht nach eine Therapieform, die Ihnen als Mann am ehesten entgegenkommt. Zunächst sehen sich viele Männer als passiver Begleiter ihrer Frau. Schon nach kurzer Zeit spüren sie deutlich, wie während einer systemischen Aufstellung entscheidende Prozesse in ihrer Psyche ausgelöst werden. Vielleicht liegt das auch daran, dass bei dieser Therapieform weniger geredet, sondern mehr agiert wird. Häufig kommen die Männer selbst dann, wenn sie schon Väter geworden sind, um beispielsweise berufliche Fragen zu beleuchten oder andere kleinere und größere Datendiskussionen zu beenden.

Bei dieser systemischen Arbeit handelt es sich um eine Familienaufstellung. Da wir in unserer Praxis aber am häufigsten mit Themen rund um den Kinderwunsch arbeiten, nennen wir sie hier Kinderwunschaufstellungen.

Zunächst überlegen wir uns gemeinsam, zu welchem Datenchaos neue Einsichten benötigt werden.

Nehmen wir als Beispiel den unterbewussten Vaterkonflikt. Ein Mann spürt, dass er wütend wird, sobald er an seinen Vater denkt. Also »stellen« wir die Situation auf. Während alle Teilnehmer in der Runde sitzen, erklärt sich einer bereit, den Vater der betreffenden Person zu »spielen«. Eine andere Person stellt sich zur Verfügung, die betreffende Person selbst zu spielen, nennen wir ihn der Einfachheit halber den »Stellvertreter«.

Gemäß der emotionalen Situation stellen sich nun die Schauspieler für Vater und Sohn sehr weit auseinander und in Opposition. Hier (ent)steht nun ein Bild. Erinnern wir uns: Die Sprache des Unterbewusstseins erfolgt in Bildern. Wir haben nun mit dieser Bildgebung die volle Aufmerksamkeit des Unterbewusstseins. Das zweite Sprachelement der Festplatte unseres Unterbewusstseins sind die Gefühle. Und genau diese beginnen – wie von selbst – im Raum spürbar, ja fast greifbar zu werden. Diese emotionale Dynamik ist ein Charakteristikum dieser Therapieform. Meistens steigen nun Gefühle auf, die in der Vergangenheit wurzeln: Vater- und Sohngefühle in diesem Fall. Sie wollen bemerkt sein und möchten sich in Richtung Lösung entwickeln. Solche Lösungen offenbart unser kleines Schauspiel.

Es braucht also ein Bild und ein damit verknüpftes Gefühl, um das eigene Unterbewusstsein selbst neu zu programmieren. Unabhängig vom realen Leben spielen wir auf diese Weise neue Daten auf die zweite Festplatte.

Nehmen wir beispielsweise an, am Ende des kleinen Schauspiels liegen sich Vater und Sohn versöhnlich in den Armen, obwohl ihr Verhältnis in der Vergangenheit konfliktbeladen war und es bis heute ist. Dann haben wir das Unterbewusstsein erfolgreich »bemogelt«.

Das Unterbewusstsein kann man täuschen.

Wir haben ohne großen Aufwand sehr präzise interveniert. Denn das Unterbewusstsein akzeptiert und speichert diese geschauspielerte Vater-Sohn-Umarmung als eigene, lebendige Erfahrung. In der Folge werden alle an der bisher permanent laufenden Diskussion beteiligten Ordner dieses positive Vaterbild als Information integrieren.

So könnte beispielsweise dem Order, der die Erfahrung verwaltet: »Mein Vater hat mich verlassen«, nun ein versöhnliches und tröstendes Bild hinzugefügt werden: »Das ist aber nicht schlimm, weil ich fühlen kann, wie sehr er mich dennoch liebt.«

Dadurch wird das kräftezehrende und unproduktive Datenchaos um Nuancen abgeschwächt und innere Konfliktthemen werden abgemildert.

Doch es geschieht weitaus Wichtigeres: Unser Unterbewusstsein wird diese neue Erkenntnis absichern wollen und uns ab sofort eine neue Serie ganz anderer Übungsrunden abverlangen. Und so, wie wir einst Fahrrad fahren lernten, lernen wir nun, dass Vaterliebe existieren *kann*. Diese Liebe muss nicht in der Realität erfahrbar sein, es genügt die Vorstellung, das Bild davon.

Unserem Betriebssystem ist es egal, auf welche Art und Weise es seine Erfahrungen sammeln kann, solange dies nur in seiner Sprache geschieht.

Oft ist es aber so, dass den betroffenen Männern in den Wochen und Monaten nach einer solchen Aufstellung Erinnerungen hochkommen, die in die neue Datei »Mein Vater liebt mich« hineingehören und bisher keinen so rechten Platz gefunden hatten. Hier werden also vorhandene Dateien gefunden, wieder neu entdeckt, umgeschrieben und an der richtigen Stelle gespeichert.

Gleichzeitig werden neue Dateien zum Üben gesucht. Auch das geschieht oftmals unspektakulär und scheinbar nebenbei. Vielleicht will es also der Zufall, dass ein kleiner Junge aus dem Freundeskreis oder der Verwandtschaft spontan auf unseren Schoß klettert und sagt: »Dich finde ich toll!«, oder wir sehen einen Politthriller im Fernsehen, in der es an einer unwichtigen Stelle um einen Streit zwischen Vater und Sohn geht. Diesmal nehmen wir eine solche Szene aber wahr, was früher vielleicht nicht der Fall gewesen wäre. Gibt es einen positiven Aspekt in dieser Filmszene, dann wird unser Unterbewusstsein ihn ebenfalls verwenden.

Was heißt das für Sie als Mann in der Kinderwunschzeit? Mit ungelösten Konflikten Ihrer Datenbanken leisten Ihre Ordner über die vielen geführten Diskussionen entweder Schwerstarbeit, mit gelösten Konflikten aber wird neu Erlerntes nur noch mal geübt und gesichert – und nebenbei hat Ihr Betriebssystem nun viele Kapazitäten frei für neue Abenteuer.

Wichtig ist, dass über innere Bilder Gefühle geheilt werden können, ohne dass Sie diesen Prozess bewusst wahrnehmen. Sie können also weiterhin ungestört fernsehen und beobachten, wie sich von allein Ihre Wahrnehmung verändert.

Es ist erstaunlich, in welcher präzisen Ordnung Menschen ihre Gefühle verarbeiten und welche außergewöhnlich guten Werkzeuge es für gelungene Umbaumaßnahmen gibt.

Für Sie ist es darüber hinaus wichtig zu wissen, welche inneren Diskussionen Sie in der Absicht stören könnten, ein Kind zu zeugen.

Das Wunder verstehen

Um ein Kind zu zeugen oder zu empfangen, bedarf es offensichtlich eines Wunders. Die Tatsache, dass weder wir selbst noch darauf spezialisierte Fachmediziner eben mal so ein Baby zeugen können, ohne dabei an eine unsichtbare Grenze zu geraten, spricht dafür. Und über das, was sich hinter dieser Grenze verbirgt, wissen wir nichts wirklich. Doch ist es durchaus möglich, sich dem anzunähern. Wann immer ein Mensch zu einem Spezialisten avanciert, kann eine solche Annäherung stattfinden. Man entwickelt dann eine besondere Intuition, so wie der Bauer einen kurz bevorstehenden Regen in den Gliedern spürt oder ein Seemann einen herannahenden Sturm wittert.

Vermutlich stecken hinter dieser besonderen Aufmerksamkeit die Wiederholungen täglicher kleiner Übungen und Erfahrungen.

Wenn ich Ihnen nun folgende Erfahrungen schildere, dann verstehen Sie diese ebenso als eine Annäherung »hinter« dieser unsichtbaren Grenze. Das bedeutet immer ein Wagnis, nicht nur für mich, auch für Sie. Natürlich kann ich wie ein Bauer oder ein Seemann auch mal falsch liegen, denn wer weiß schon wirklich, was jenseits der Grenze existiert? Doch wird dies sicherlich kein Grund sein, Ihnen das Wissen vorzuenthalten.

Wie bei dem Kinderspiel Topfschlagen fing ich meine Suche an, indem ich den Richtungen »warm« oder »kalt« folgte. Als »warm« bezeichne ich hier all diejenigen Erfahrungen aus gelungenen Kinderwunschwegen, die sich immer und immer wieder wiederholen.

Was »kalt« ist, lasse ich weg. Wir werden uns an dieser Stelle auf warme Themen konzentrieren, die sich in meiner Praxis unzählige Male wiederholt haben und die in ihrer Gesamtheit einer eigenen Logik unterliegen.

Der große Pool

Lebewesen lernen nicht nur für sich selbst, sondern auch für ihre Artgenossen.

Ich möchte Ihnen ein interessantes Phänomen aus der Tierwelt nennen: Einst hatte ein Schimpanse tage- oder wochenlang geübt, mittels eines Stöckchens eine kleine Ameise aus einem Astloch zu entfernen. Es dauerte nicht lange bis sich alle anderen Schimpansen des Rudels diese Fertigkeit auch aneigneten. Keiner von ihnen musste so lange lernen wie der erste, einschließlich der Nachkommenschaft.

Wenn ich daran zurückdenke, wie lange ich selbst vor 30 Jahren geübt habe, um eine Computermaus richtig zu bedienen, scheint mir mein langer Lernprozess heute fast unvorstellbar. Meine Hand war völlig ungelenk und mein Krafteinsatz war viel zu groß. So musste ich mir in kurzen Abständen zahlreiche neue Mäuse kaufen, denn ich hatte sie mit meiner ungeübten Hand schlichtweg ruiniert.

Meine jüngste Enkelin hingegen scheint bereits mit einer Maushand geboren zu sein. Diese besondere Feinmotorik ist einfach schon vorhanden. Als dreijährige Liebhaberin des väterlichen iPhones wischt sie darüber hinaus mit ihrer kleinen Hand von links nach rechts auf dem Fernsehmonitor entlang, in der Erwartung, dass dieser ebenso

»weiterschaltet« oder »umblättert«. Und vermutlich liegt sie intuitiv richtig: Es ist sicherlich nur eine Frage der Zeit, bis wir unsere gesamten elektronischen Geräte auf diese Weise umschalten können.

Wie kann das funktionieren, dass Dinge, die sich einer mühsam aneignet, für die anderen und die, die nach ihm kommen, leichter zu erlernen sind?

Folgende Erklärung liegt nahe: Es muss andere Wege als die des Verstandes und der Motorik geben, um zu lernen – und andere Wissenspools. Pools, aus denen wir uns anscheinend bedienen, wenn wir auf eine intuitive Weise in unserer Fortentwicklung unterstützt werden. Pools, die der Qualitäts- und Überlebenssicherung dienen, der Fortentwicklung unserer Art.

Ich möchte ein Beispiel vorwegnehmen: In der systemischen Therapie, die ich Ihnen bereits vorgestellt habe, gibt es ein recht populäres Phänomen, das man besonders in der Kinderwunschbehandlung gerne erwähnt: Das ist der Tod einer Vorfahrin im Wochenbett. Stellen wir uns dieses Drama vor: Die Urgroßmutter stirbt beispielsweise bei der Geburt ihres fünften Kindes. Dieses Kind lebt und läuft Gefahr, fortan die unausgesprochene Bürde zu tragen, dass die Mutter den Preis seines Lebens mit ihrem Tode bezahlen musste.

Wie aber reagiert ihr ältester Sohn? Vermutlich steht er fassungslos am Bett, schaut auf seine verstorbene Mutter, dann auf seinen Vater und denkt: »Du hast sie umgebracht! Hättest du die Finger von ihr gelassen, dann würde sie heute noch leben!«

Bei dieser Erkenntnis geht es um Leben und Tod, und deshalb geht sie als eine Art Überlebensstrategie in die Familienlinie ein. Entweder stirbt diese nun aus oder sie regeneriert sich, indem die entscheidenden Ordner im Unterbewusstsein erkannt und dann korrigiert werden. Der Verstand des männlichen Angehörigen dieser Linie gibt womöglich grünes Licht, eine Familie zu gründen, doch die zweite Festplatte hat Zugriff zum Familienpool und signalisiert: »Ich bringe meine Frau in Lebensgefahr, wenn ich sie schwängere.« Vergegenwärtigen wir uns nochmal die Kraft des Unterbewusstseins, dann wundern uns solche Familienäste nicht, die oft einige Generationen benötigen, um eine solche unterbewusste Information wieder zu korrigieren in: »Fortpflanzung bedeutet Leben.«

Falsche Überlebensstrategien erkennen und korrigieren.

Zuerst einmal ist es wichtig, dieses tief im Unterbewusstsein verankerte Gefühl zu finden, um aus der Wut des Jungen von damals die Trauer spürbar zu machen. Erst dann kann eine Aussöhnung mit dem Urgroßvater und schließlich mit dem Schicksal gelingen. Solche großen wie kleinen Wunder sind uns in dieser Form therapeutischer Arbeit möglich.

Nicht jeder »Familienpool« übermittelt dem Unterbewusstsein seiner Nachkommen derart drastische Hinweise auf die Gefahren einer Zeugung. In der Praxisarbeit entdeckt man auch sachte Warnhinweise des Familienpools, von denen entweder nur einer oder aber mehrere in Kombination zu finden sind.

Das Vatersignal

Was auch immer ein Vater empfindet, wenn er einen Sohn gezeugt hat, landet als eigenes Modell unweigerlich im Familienpool. Diese unterbewusste Information wird erst dann relevant, wenn dieser Sohn später selbst ein Kind zeugen möchte.

Ein »Fehler« im unterbewussten Programm habe ich erstaunlich oft bei Männern und Frauen festgestellt, die einst von ihren Müttern zur Adoption frei gegeben wurden.

Adoptivkinder haben häufig die Tendenz, ihre Adoptiveltern zu idealisieren, vor allem wenn eine solche Adoption als gelungen bezeichnet werden kann. Einerseits sind sie sich der Tatsache bewusst, dass ihre eigene Mutter sie »weggegeben« hat. Und im gleichen Gedankengang sind sie ihren Adoptiveltern umso dankbarer für das liebevolle Leben mit all seinen großartigen Chancen, die sie ihm geboten haben. Diese dankbare Haltung ist sehr typisch für Adoptivkinder.

Doch was geht hier wirklich vor sich? Das emotionale Signal der eigenen Familie ist unterbrochen. Der intuitive Pool aber ist vorhanden. Die oft übergroße Ersatzbindung an die Adoptiveltern entspricht oft einer Ausweichhaltung, um sich vor dem tiefen Schmerz zu schützen, dass man der eigenen Familie nicht zugehören darf. Die Zugehörigkeit zu verweigern, ist ein machtvoller, angstbesetzter Mechanismus. Wir kennen ihn aus Mobbingsituationen am Arbeitsplatz. Im Großen aber stellt das Ausschließen aus dem Rudel in freier Wildbahn eine akute Lebensgefahr dar, da ein Herdentier dies nicht überleben würde.

Viele Adoptivkinder lieben ihre Adoptiveltern über ein gesundes Maß hinaus, gewissermaßen als Schutz vor ihrer tiefsten Verletzung. In meiner Praxis erarbeiten wir die Bindung an die eigene Familie und lösen vorsichtig emotionale Hindernisse und Erschwernisse einer Zeugung auf. Prompt stellt sich besonders in diesen Fällen eine Schwangerschaft ein.

Adoptivkinder wollen oft unter keinen Umständen Kontakt zu ihren leiblichen Eltern aufnehmen. Das ist auch nicht nötig, wie der nächste Fall aus meiner Praxis illustrieren wird.

Der junge Mann wurde bereits als Baby von seiner Mutter zur Adoption frei gegeben. Während er unter keinen Umständen seine leibliche Mutter kennen lernen wollte, verehrte er seine Adoptiveltern sehr. Alles, was sie ihm geboten hatten, sah er als eine Art Lotteriegewinn an. Er war sich ganz sicher, dass er ohne sie »nichts« geworden wäre.

Sein einziges Problem war scheinbar der Kinderwunsch, der sich nicht erfüllen wollte. Er und seine Freundin hatten bis dahin nicht heiraten wollen, was bei dieser Vorgeschichte nicht weiter verwunderte. Mehrere Jahre lang hatten sie vergeblich versucht, ein Baby zu bekommen, und zwar sowohl auf natürlichem Wege als auch mit mehreren künstlichen Befruchtungsversuchen.

Ich führte ihn durch eine systemische Aufstellung, um blockierte Gefühle aus dem unterbewussten Pool an die Oberfläche zu bringen. Dafür legte ich zunächst drei Kissen auf den Fußboden: Zwei in normaler Größe stellvertretend für seine Adoptiveltern und ein etwas kleineres, das ihn selbst darstellen sollte. Ich bat ihn, die Kissen so anzuordnen, dass sie seinem Gefühl innerhalb seiner Adoptivfamilie entsprächen. Er legte die drei Kissen sehr nahe aneinander. Zu nahe fast, denn rechts und links gab es für ihn keinen Bewegungsraum mehr. Doch er empfand die Position als behaglich und sehr geschützt.

Ich holte zwei weitere Kissen und legte sie etwas weiter weg. Sie stellten seine leibliche Mutter und seinen leiblichen Vater dar. Ich bat ihn, die leiblichen Eltern einfach nur anzuschauen.

Das mochte er zunächst überhaupt nicht. Er hatte vielmehr den Impuls, sich noch intensiver an seine Adoptivfamilie anzukuscheln.

»Es tut weh, dort hinzuschauen«, sagte ich und wartete ab. »Das stimmt«, meinte er, »und ich begreife erst jetzt, dass ich mich hinter meinen Adoptiveltern regelrecht verstecke, um diesen Schmerz nicht spüren zu müssen.«

Ich fragte ihn, ob er diese Gelegenheit nicht nutzen wolle, um wenigstens ganz kurz hinzuschauen. Er willigte ein und brachte sogar den Mut auf, aus seinem Versteck zwischen den zwei Kissen, die für seine Adoptiveltern standen, hervorzukommen.

Er trat vor und sah seine »Eltern« nur an. Den Vater könne er gar nicht wahrnehmen, erklärte er, nur die Mutter. Ich schob das Kissen, das den Vater verkörperte, etwas weiter weg. Das fand er besser.

Nun bat ich ihn, sich an das Kissen, das die leibliche Mutter symbolisierte, zu stellen.

So konnte er an die Gefühle gelangen, die er mit ihr in Verbindung brachte: Ihren großen Verrat an ihm, den er empfand, und schließlich auch den tiefen Schmerz. Nachdem seine eigenen Gefühle an die Oberfläche gelangt und wahrgenommen waren, bat ich ihn, sich vorzustellen, wie sich seine leibliche Mutter gefühlt haben könnte, als sie ihn zur Adoption frei gab.

Zuvor war ihm dies nicht gelungen, weil seine eigenen ungelösten Gefühle von Trauer, Schmerz und Wut ihm dabei förmlich im Wege standen. Jetzt war seine emotionale Wahrnehmung frei, auch die Gefühle seiner Mutter zu erahnen.

Er bewegte den Kopf hin und her, sagte immer wieder nur: »Oh Gott, was für ein Schmerz das ist!«

Er war fassungslos. Und zum ersten Mal in seinem Leben begann er zu verstehen, welchen Preis eine Mutter, die ihr Kind weggibt, zahlt, damit es ihm woanders besser geht. Schließlich empfand er sogar etwas Dankbarkeit und konnte das Handeln seiner Mutter anerkennen.

Oft verhält es sich so: Wenn sich ein Mensch erlaubt, lange vergrabene Gefühle hervorzuholen, dann kommen diese oft recht überwältigend zum Vorschein. Sind sie aber erst mal aufgetaucht, dann fühlt man sich viel freier und sehr erleichtert. Zusätzlich hat man seinen Blickwinkel erweitert und kann wieder wahrnehmen, was zuvor von den eingesperrten Gefühlen verdeckt gewesen war.

So erging es diesem Mann. Denn nun fiel ihm auf, dass er überhaupt nichts über seinen Vater wusste. Gleichzeitig begann ihn das Kissen, das bisher abseits lag und seinen Vater darstellte, zu faszinieren.

Ich bat ihn, herauszufinden, wo er nun am besten stehen würde. Er probierte viele Positionen für sich aus, bis er spürte, dass er sich wider Erwarten an der Seite seines Vaters wohlfühlte. Trotz banger Gefühle ließ er sich darauf ein. Erst dann konnte er auch selbst spüren, dass sein angestammter Platz im Leben an der Seite seines leiblichen Vaters und an der Seite seiner leiblichen Mutter war, auch wenn diese etwas weiter entfernt lag. Der Weg zu ihr war frei.

Manche von uns haben eine distanzierte Beziehung zu ihren Eltern, aber wir alle haben ein Verhältnis zu ihnen. Dieses anzuerkennen, stärkt unsere Position im Leben.

Ich bat den jungen Mann, auf seinen ursprünglichen Platz zurückzublicken, den er so eng eingekuschelt zwischen seinen Adoptiveltern eingenommen hatte. Da schüttelte er nur mit dem Kopf und lachte kurz auf.

»Ich habe schon verstanden«, sagte er lächelnd und blieb stehen, wo er war.

Fast auf den Tag genau drei Monate später schickten er und seine Frau ihr erstes kleines Ultraschallbildchen. Inzwischen haben sie auch geheiratet und das älteste ihrer drei Kinder geht schon in die Schule.

Das väterliche Modell war überwunden und dauerhaft mit positiven Informationen überschrieben.

Empfängnisgedanken

Die Gefühle der Eltern, die bei der Zeugung eines Kindes vorhanden sind, scheinen also genau in dem Moment bedeutsam zu werden, wenn das mittlerweile erwachsene Kind in die gleiche Absichtssituation gerät. Ist die Zeugung eines Kindes aus Sicht der Familienintelligenz keine Erfolgsstory, dann meldet sich diese Intelligenz oft mit einem entsprechenden Warnhinweis.

Solche »Zeugungswarnungen aus der Sippe« finden wir

in zahlreichen Konstellationen, in denen entweder der Vater oder die Mutter oder aber beide die Zeugung ihres Kindes auf die eine oder andere Weise bereuen mussten. Ein unter diesen emotionalen Umständen gezeugtes Kind verfügt über andere unbewusste Informationen als ein Wunschkind oder ein ungeplantes Kind, dem man dennoch gefühlsmäßig offen gegenüberstand.

Es gibt in der Tat viele unfreiwillige Zeugungen, besonders in der großelterlichen Generation, die ebenfalls noch einen tief und am Verstand vorbeiwirkenden Einfluss auf uns haben. Denken wir nur an das Kriegsgeschehen mit all seinen Bedrohungen für die Frauen: Von der Angst, in Notzeiten als Frau eines Soldaten ein Kind allein aufziehen zu müssen bis hin zu den vielen Vergewaltigungen, deren Ausmaße erst heutzutage wirklich ans Tageslicht gelangen. Typisch sind auch die sogenannten Gutsherrengeschichten, in denen die Frau, die sich in einem Abhängigkeitsverhältnis zu einem höhergestellten Mann befand, von diesem geschwängert wurde. Alle diese Erlebnisse aus der nahen und fernen Vergangenheit haben Ohnmacht und Macht miteinander gemein, mit Verbotenem und vor allem mit dem Ausschluss der schwangeren Frau aus der Gemeinschaft. Es waren meist die Herrinnen des Hauses, die den allzu lockeren Lebenswandel ihrer Gatten zwar zunächst aushalten mussten, im Falle einer Schwangerschaft aber die junge Magd schlichtweg aus dem Hause jagten. Wieder ging es also um »Leben und Tod«, was von unserer zweiten Festplatte deshalb als überlebenswichtig eingestuft und im Familienpool über Generationen konserviert wird.

Allmählich werden oben beschriebene unbewusste Informationen durch aktuellere überschrieben. Gar nicht so selten erleben wir, dass eine Mutter ihr Kind schon während der Schwangerschaft ablehnt. Dies kann vielerlei Gründe haben, beispielsweise eine heimliche Liebesaffäre, die zu dieser Schwangerschaft führte. Viel häufiger lassen sich gewöhnlichere Vorbehalte gegen eine Schwangerschaft feststellen wie beispielsweise die Angst, dieses eine Kind großziehen zu müssen.

Gerade wenn es schon einige Geschwisterkinder gibt, wird dieser Vorbehalt besonders häufig wirksam. Die Mutter weiß nach mehreren Kindern, dass ein weiteres sie erschöpfen wird. Sie wird sich den Kopf darüber zerbrechen, ob sie dieses Kind auch noch gut versorgen kann. Womöglich macht sich der Kindsvater ähnliche Sorgen um seine Frau, vielleicht auch um ihre Gesundheit. Stellt man sich Folgendes vor: »Achtung, das Baby hört mit!«, dann sind dies sicherlich keine Gedanken, die das Selbstbewusstsein eines Ungeborenen stärken. Vielmehr können solche Gedanken dazu führen, dass es später als erwachsener Mann einen allzu großen Respekt vor den Erfordernissen einer Schwangerschaft empfinden wird. Dann wirkt in ihm dieser unbewusste Zeugungsvorbehalt.

Auch bei traumatischen Geburtsverläufen in der familiären Historie kann das männliche »Kind« einer solchen Sippe seine eigene Frau unterbewusst in keinem Fall einer solchen »Gefahr« aussetzen.

Hat er eine solche traumatische Geburt gar am eigenen Leibe erlebt, erhöht sich diese Wahrscheinlichkeit um ein Vielfaches. Wir beobachteten, dass selbst Geburten in Beckenendlagen oder aber Geburten mit einem dramatischen Verlauf sich erschwerend auf die Zeugungsfähigkeit der auf diese Weise geborenen Kinder auswirken können.

Wird die Mutter während der Schwangerschaft vom Kindsvater verlassen oder stirbt er gar, dann kann es passieren, dass das Unterbewusstsein des vaterlos geborenen Kindes die Aussicht auf eine Zeugung als »No-Go« einstuft. Es scheint, als fürchte es eine Wiederholung, und die Botschaft könnte lauten: »Wenn du sie schwängerst, dann stirbst du!«, oder: »Du verschwindest von der Bildfläche.«

Mit diesen Beispielen aus meiner Praxis möchte ich Ihnen verdeutlichen, dass viele unbewusste Informationen, die direkt oder indirekt mit Ihnen in Verbindung stehen, eine sehr mächtige Rolle in Ihrem Leben spielen, vor allem, wenn sie Ihren Kinderwunsch betreffen. Diese Informationsknäuel dann zu entwirren, kann Erstaunliches bewirken.

Zeugungsvorbehalte bewusst machen.

Die Gefühle der Mutter für den Vater

Die Mutter spielt im Leben eines Menschen immer und dauerhaft die wichtigste Rolle, und das bleibt erstaunlicherweise auch so, wenn wir längst erwachsen sind.

Die Qualität unserer Beziehung zur Mutter entscheidet in der Regel darüber, ob wir erfolgreich im Leben sind oder nicht.

Es ist auch die Mutter, die uns lehrt, wie und vor allem in welcher körperlichen und emotionalen Intensität wir als Erwachsene eine Liebesbeziehung leben werden. Je mehr

Nähe wir mit ihr erlebten, desto mehr Nähe können wir selbst später leben und auch zulassen. Von ihr lernen wir auch, nach welchem Muster sie unseren Vater liebt und ehrt. Und wir werden immer auch zu einem Teil später genau dem Muster entsprechen, das sie vorlebt. Je nachdem, wie respektvoll und liebevoll sich die Partnerschaft der Eltern gestaltet, wird die Mutter auch die väterlichen Anteile in ihren Söhnen ehren und dadurch unbewusst fördern.

Hat der Sohn beispielsweise den kraftvollen Körperbau des Vaters geerbt, so wird er sehr wohl spüren, wenn nicht gar von ihr hören, wie schön er ist und wie positiv er seinem Vater ähnelt. Verfügt er über besondere Talente, so werden diese gelobt und bestätigt, sodass er darauf vertrauensvoll aufbauen kann.

Ist nun der Vater beispielsweise Alkoholiker, scheitert er im Berufsleben oder versagt er bei der Versorgung der Familie, sodass die Mutter diesen Mann sogar verlässt, dann können die väterlichen Anteile des Kindes vollkommen anders bewertet werden.

Eine schlechte Note in Mathe kann dann schon das Gefühl des Scheiterns verstärken, entweder durch mütterliches Desinteresse, Gesten oder gar Kommentare wie: »Das hast du von deinem Vater.«

Dabei geht es nicht um objektive Bewertungen, sondern immer darum, wie und in welchem Maße die Mutter den Vater ehrt. Seine Anteile, die sich in ihrem Sohn wiederfinden, wird sie mit oder ohne Worte ebenfalls ehren – oder eben nicht. Auch hier wirkt das Muster fort.

In Patchworkfamilien wird dies nochmals deutlicher, da kann das Bild des »Ersatzvaters« mit dem Bild des leiblichen Vaters in Konkurrenz geraten – wohlgemerkt immer aus der emotionalen Sicht der Mutter.

Dies betrifft auch Geschwisterreihen, in denen es nur einen Sohn gibt, der mit seinen Schwestern dann einen weiblich dominierten Alltag erlebt und mit ihren Qualitäten nicht immer mithalten kann.

Vielleicht möchten Sie als Mann selbst diese Erfahrungswerte zum Anlass nehmen, um darüber nachzudenken, in welchem Maß Ihre eigenen väterlichen Anteile respektiert und geehrt wurden und was Ihr Fazit heute für Sie bedeuten könnte.

Lassen Sie mich ein verblüffendes Phänomen vorwegnehmen: Viele Männer suchen sich Partnerinnen, die sie genauso wahrnehmen, wie es ihre Mütter taten und tun. Viele Männer überwinden die Tendenz, eher eine ungünstige Verbindung einzugehen, erst mit der zweiten Ehe, sofern sie sich dabei von dem mütterlichen Muster befreit haben.

Hier sind wieder die Selbstheilungskräfte einer Familie aktiv: Nicht mehr passende Muster werden vom Betriebssystem erkannt und mit der Zeit korrigiert.

Durch das gezielte Erkennen und Lösen solcher in uns wirkender Muster haben wir die Möglichkeit, die Dinge selbst in die Hand zu nehmen und unsere persönliche Entwicklung in die richtige Richtung zu lenken.

Man kann das Weitergeben von Leben innerhalb einer Sippe tatsächlich mit den Kabelverbindungen einer TV-Anlage vergleichen. Sie können über die besten Gerätschaften verfügen, aber ist nur eines Ihrer Kabel ein wenig defekt oder fehlt gar eines, dann werden Sie auf Ihrem Bildschirm nichts zu sehen bekommen. Auf die Zeugung eines Kindes übertragen, bedeutet dies leider auch, dass selbst bei häufigem Sex, bester Potenz und Spermienqualität nichts ohne diese »Kabelverbindungen« erfolgreich funktionieren kann.

Konkret kann das für Ihre Situation bedeuten: Selbst wenn Sie körperlich die besten Voraussetzungen mitbringen, werden Sie nicht zwangsläufig ein Kind zeugen können, solange Sie unbewusst nicht die Gene Ihres leiblichen Vaters weitergeben wollen.

Stellen Sie sich vor, wie Sie eines Tages Ihren kleinen Sohn in den Armen halten und er ein Ebenbild Ihres Vaters ist. Womöglich ähnelt er noch positiv wie negativ ihrem Vater. Ihr kleiner Sohn würde Ihnen nun in Aussicht stellen, sich den Rest Ihres weiteren Lebens mit all diesen vaterähnlichen Unarten, die Sie vermutlich in einer Ecke Ihres Unterbewusstseins sorgfältig und wirkungsvoll versteckt und eingesperrt hatten, tagtäglich auseinandersetzen zu müssen.

Da wäre doch für so manch einen die Aussicht auf eine zauberhafte und vor allem unkomplizierte kleine Tochter – einem Ebenbild Ihrer geliebten Frau – vermutlich viel attraktiver. Sehr selten geben die Wunschväter in meiner Praxis zu, dass sie sich eine Tochter wünschen. Viel öfter aber gestehen sie sich eine minimale Ablehnung eines Sohnes ein, vor allem dann, wenn ich diesen als ein solches Ebenbild des eigenen Vaters ausmale. Es ist dann, als würden sie einen winzigen Defekt in ihrem Kabelsalat erkennen, der von nichts anderem als einem Vaterkonflikt herrührt.

Überlegen Sie, was diese Sohn-Vorstellung in Ihnen auslöst, Ihre Gefühle werden Ihnen entscheidende Hinweise liefern.

Konflikte lösen durch Hinwendung

Wenn wir beim Kinderwunsch von einem Vaterkonflikt sprechen, dann verstehe ich nicht die kleinen Querelen darunter, die in einer Kindheit an der Tagesordnung sind. Es geht also nicht um den Vater, der Sie eines Abends leicht verärgert aufgefordert haben mag, doch endlich das Zimmer aufzuräumen. Auch nicht um den Vater, der stets das »Beste« für Sie wollte und Sie deshalb gegängelt hat, Ihren Schulaufgaben etwas mehr Sorgfalt zu widmen. Vielleicht hat er Sie auch geärgert, weil er nicht respektvoll genug mit Ihrer Mutter umgegangen ist.

Eltern können Launen an den Tag legen, die uns die ganze Kindheit über nerven. Selbst als Erwachsene können wir bestimmte Sprüche und manche Gepflogenheiten immer noch nicht ausstehen. All diese Unzufriedenheiten und Rangeleien dem eigenen Elternhaus gegenüber gehören dazu. Wir sollten uns damit abfinden, dass es keine perfekten Eltern gibt. Wir sollten nicht vergessen, dass auch unsere eigenen Kinder uns später mit Sicherheit allerlei Macken vorwerfen werden.

Ja sagen zu Fehlern.

Es braucht tiefere Verletzungen, damit wir uns wirklich von unserem Vater abwenden. Das kann der Verlust des Vaters sein, sei es durch Trennung oder Tod. Trauer um den Vater oder der Schmerz um seinen Verlust, der auch entstehen kann, wenn der Vater sich dem Leben des Kindes räumlich oder emotional entzieht, können spätere Zeugungsabsichten stark beeinflussen.

Wir erleben regelmäßig spontane Verbesserungen der Spermienqualität unmittelbar nach dem Auflösen solcher weggesperrten Emotionen wie nicht gelebter Trauer oder unterdrückter Wut auf den Vater.

Manchmal spüren die Männer während der Auflösung solcher Themen eine unmittelbare Wirkung auf ihren Körper. Ich erinnere mich an einen jungen Mann, der seinen Vater im Alter von sechs Jahren verloren hatte. Er stellte sich in der Seminarrunde mit den Worten vor: »Es liegt an mir, und daran gibt es nichts zu rütteln. Ich wünsche keinerlei falsche Hoffnungen mehr, die lauten: Das wird schon noch. Ich bin nur hier, damit es meiner Frau bei der nächsten künstlichen Befruchtung besser geht!«

Das war eine deutliche Ansage! Also respektierten wir seinen Wunsch und drangen nicht weiter in ihn ein. Der Zufall wollte es aber, dass es einen anderen Mann in diesem Seminar gab, der ebenfalls in der frühen Kindheit seinen Vater verloren hatte. Zur Beerdigung hatte man ihn nicht einmal mitgenommen, weil man ihm schmerzliche Gefühle ersparen wollte – welch ein schädlicher Gedanke!

Wir stellten die Szene des anderen Mannes nach, in der ein Stellvertreter in der Rolle des Vaters auf dem Boden lag, um seinen Tod darzustellen. Sein Sohn, repräsentiert durch einen weiteren Seminarteilnehmer, sollte einfach nur zu ihm hinschauen. So stand er da, und wir warteten einfach nur ab, bis er schließlich sagte: »Das ist merkwürdig, ich fühle nichts!«

Dieses »nichts fühlen« erleben wir oft, wenn kleine Kinder nicht trauern dürfen und somit den Tod nicht begreifen. Wir ermutigten ihn dann, doch einfach mal »Papa« zu seinem Vater zu sagen und ihn ganz vorsichtig zu berühren. Das tat er und unmittelbar danach fand er sämtliche in ihm so lange vergrabenen Gefühle für seinen Vater wieder, denen er nun endlich freien Lauf lassen konnte. Bald lag er neben seinem Vater, hielt ihn sehr fest und weinte, wobei er deutlich spürte, wie ihn das Freilassen der angestauten Gefühle erleichterte. Ich erlebe immer, dass nach solchen befreienden Tränen eine wohlige Erschöpfung eintritt, ein Raum, der zuerst sich selbst wahrnimmt, um sich danach ganz von selbst mit positiveren Gefühlen anzufüllen.

Diese wohlige Stille wurde diesmal plötzlich durch den anderen Mann unterbrochen, der ganz dezidiert nicht an seinen Zeugungsaussichten arbeiten wollte. Er schlug sich immer wieder mit der Hand gegen den Kopf. »Das gibt's doch nicht!«, sagte er immer wieder. Ich schritt ein. Was war hier geschehen?

Nur durch das Zuschauen hatte sein Körper auf das, was sich im Raum abgespielt hatte, unmittelbar reagiert: Seine Hoden schmerzten krampfhaft und ihm wurde klar, was sein Verstand nicht wahrhaben wollte: nämlich dass der tief sitzende, in ihm vergrabene Schmerz durchaus mit seiner körperlichen Gesundheit in Verbindung zu stehen schien. Intuitiv hatte er verstanden und an diesem Heilprozess absichtslos teilgenommen, doch sein Intellekt wehrte sich mit allen Kräften dagegen. Diesen inneren Konflikt lebte er auch körperlich aus. Doch hatte er sich im Grunde schon längst entschieden: Er erlaubte sich nach so vielen Jahren endlich, seine Gefühle zu zeigen. Er weinte die Tränen, die er als Kind nicht hatte weinen dürfen und die ihm nun eine Hinwendung zum Vater ermöglichten.

Es muss nicht immer ein einziges großes Ereignis sein, das einen überwältigenden Schmerz in uns auslöst. Oft sind es eher mehrere kleinere Wunden, die dazu führen, dass wir uns vom Vater emotional abwenden. Die Information »Wunde« findet man eher auf der zweiten Festplatte des Unterbewusstseins als auf der ersten. Dieser kleine, aber wichtige Unterschied ist für viele Menschen anfangs problematisch, denn wir alle sind es gewohnt, Probleme mit dem Verstand aufzuspüren und zu lösen.

Es gibt Techniken, um diese Informationen aufzuspüren, beispielsweise mit folgender Fantasiereise: Stellen Sie sich Ihren Vater vor, wie er allein und nahezu monumental auf einer großen, beleuchteten Theaterbühne steht. Diese ist sein Platz, und er nimmt einen großen Raum auf ihr ein.

Stellen Sie sich nun in Gedanken ebenfalls auf diese Bühne Ihrem Vater gegenüber, aber weit genug entfernt, um den Raum, den er ausfüllt, nicht zu betreten.

Betrachten Sie Ihren Vater einfach nur und warten Sie ab, welche Gefühle Sie nun nach und nach in sich wahrnehmen, welche Gedanken in Ihnen hochkommen, welche Kindheitsbilder sich aus Ihrer Erinnerung dabei zeigen. Achten Sie dabei nur auf Ihre aufsteigenden Gefühle und geben Sie ihnen Raum.

In den Seminaren spielen wir die Szene real oder wir nehmen Kissen zu Hilfe. Jedes Kissen steht für einen kon-

kreten Vorwurf an den Vater, der ihm vor die Füße gewor-
fen werden darf. Das beginnt zunächst relativ harmlos:
»Du hast mich nicht verstanden«, oder: »Du nimmst mich
nicht ernst, sondern siehst immer nur dich«, bis hin zu mas-
siveren Vorwürfen wie: »Du hast mich nie geliebt«, oder:
»Du hast mich alleingelassen.« Und erst dann, wenn alle
Vorwürfe ihren Raum gefunden haben, ist eine ununter-
brochene emotionale Hinwendung zum Vater wieder möglich. Nicht etwa, weil plötzlich ein Mustervater vor uns
steht, sondern weil unsere gesamten unausgesprochenen
Vorwürfe nicht mehr unbewusst als gefühlte Hindernisse
zwischen uns und unserem Vater stehen.

Für die systemische Arbeit im Allgemeinen und grundsätzlich gilt, dass es für uns selbst nicht den geringsten Sinn
ergibt, dem Vater im realen Leben auch nur einen einzigen
Vorwurf tatsächlich zu machen. Denn es ist aus therapeutischer Sicht niemals der Vater, der zu ändern ist, als vielmehr unser emotionaler Zugang zu ihm, den wir immer
nur in uns selbst wieder freilegen können. Nur so ist es
möglich, auch in Familien, in den nach gesellschaftlichen
Vorstellungen vom Vater überhaupt nichts zu erwarten ist,
einen jeden in seine ihm zustehende Position zu stellen: den
Vater auf den Platz des Vaters und den Sohn auf den Platz
des Sohnes. Es geht um nicht mehr und nicht weniger: Den
Vater dafür zu respektieren, dass er uns das Leben geschenkt hat.

Es ist das Wesentliche an der Vaterschaft, die Essenz.

Wenn also ein Mann aufwachsen musste, gezeugt und
gebeutelt von einem Vater ohne jedwede väterlichen Qualitäten, dann kann es sein, dass er einen solchen Vater nicht
durch seine eigene Vaterschaft weiterleben lassen will. Er

kann sich aber auch sagen: »Ich hatte nichts. Aber immerhin lebe ich, und daraus mache ich was richtig Gutes!« Und er wird voraussichtlich leicht zeugen.

Es liegt eben nicht an den äußeren Umständen, sondern daran, was wir aus ihnen machen. Und dies ist davon abhängig, in welcher Weise unsere zwei Festplatten konform laufen.

Diese Beispiele aus meiner Praxis sollen Sie inspirieren, andere (vielleicht weniger) schwer wiegende Vorwürfe gegen Ihren Vater zuzulassen, diese dabei aber entspannter zu sehen – zu Ihrem Wohl.

Erst nach der Pubertät sind wir ein ganzer Mann

Auf ein nicht seltenes Phänomen möchte ich noch aufmerksam machen, das Männer wie Frauen gleichermaßen betrifft – die nicht gelebte Pubertät.

Aber was geschah eigentlich in der Pubertät mit Ihnen als Mann? Im Wesentlichen dies: Der kleine Steppke, der zuvor noch vertrauensvoll an der Hand und an der Seite seines Vaters durchs Leben ging, wird nun zum ungelenken Halbwüchsigen. Darüber hinaus wechselt er erstmalig seinen Platz. Er steht zu seinem Vater in Opposition. Jetzt werden zahlreiche größere und kleinere Gefechte in Angelegenheiten ausgetragen, die zuvor keinen Anlass zum

Streit gaben. Viele Regeln, Anweisungen und Ansagen werden infrage gestellt und daraufhin überprüft, ob sie auch bei Widerstand noch Gültigkeit haben. Es wird das erste eigene Terrain abgesteckt, ein Gebiet, das vorhanden sein muss, bevor ein Mann lernt, dafür auch eigene Verantwortung zu übernehmen. Und dies natürlich unter der Prämisse: Das mache ich später einmal besser als du – auch das Vatersein! Eine solche Rebellion ist wichtig, um im eigenen Terrain anzukommen.

Ist dieser Prozess abgeschlossen, ist auch die Pubertät beendet. Nun steht der junge Mann wieder unmittelbar neben seinem Vater, diesmal nicht an seiner Hand, sondern an seiner Seite! Und beide zusammen sind jetzt ein echter Hingucker!

Das ist vergleichbar mit dem Eindruck, der entstehen kann, wenn ein Vater zusagt, mit seinen sechs erwachsenen Söhnen bei einem Umzug im Freundeskreis zu helfen. Wir nennen dieses Modell »Die glorreichen Sieben«. Es soll verdeutlichen, wie beeindruckend das Bild ist, wenn erwachsene Söhne an der Seite ihres Vaters stehen, in einer Reihe, von ihm ernst genommen und respektiert, aber auch umgekehrt ihn ernst nehmend und respektierend. Wirklich erst dann wirkt ein solcher Sohn sexuell attraktiv auf seine Umgebung. Jetzt erst, nach erfolgreich absolvierter Pubertät, wird er in seiner Männlichkeit wahrgenommen. Und so ausgestattet wird er sich eine Partnerin suchen, zu der ein ausgereifter Mann (im Sinne einer abgeschlossenen Pubertät) hervorragend passt.

Eine Konstellation mit bestmöglichen Aussichten, sich als Familie auch fortzupflanzen.

Kann die Pubertätsentwicklung nicht stattfinden oder wird sie unterbrochen, dann wird hierdurch häufig das vollständige emotionale Ausreifen verhindert – ein unglücklicher Umstand, der dieses »Kind im Manne« oft daran hindert, sich verantwortungsvoll um die Angelegenheiten seines Lebens zu kümmern oder beruflich wirklich voranzukommen. Eine unvollendete Pubertät kann sogar mit einer unausgereiften Spermienqualität einhergehen.

Je nachdem, wo und wann es in der eigenen Entwicklung eine Unterbrechung des Wachstumsprozesses gegeben hat, werden sich auch Themen melden, die zu genau diesem Zeitpunkt passen. Was Sie hoffentlich grundsätzlich aus meinen Beispielen mitgenommen haben, ist die Erkenntnis, dass diese heilsame Auseinandersetzung nicht nur in der Pubertät möglich ist, sondern in vielen Phasen des Erwachsenwerdens. Unser Unterbewusstsein wird dies von ganz allein als eine fehlende »Kabelverbindung« erkennen und bemüht sein, diese zu beheben.

Wir können allerdings diesen Prozess voranbringen oder initiieren, wenn wir mit inneren Bildern arbeiten.

Rufen Sie gelegentlich das eine oder andere innere Bild in Ihnen hervor, um ein Update Ihrer Dateien auf der zweiten Festplatte auszulösen.

Mit einer Visualisierungsübung möchte ich gern unsere Kinderwunschreise enden lassen. Hoffentlich nehmen Sie aus dieser mit, dass der Weg zu einem Kind immer auch über Sie führt – über Ihre bewussten wie unterbewussten Wünsche, Vorstellungen, Hoffnungen und Ängste.

SEHEN UND ERKENNEN SIE, WER UND WAS SIE SIND:

Ein Mann, der im Leben steht, auf seinem ihm angestammten Platz. Hinter Ihnen stehen Ihre Eltern und hinter denen ihre Eltern, also Ihre vier Großeltern, dahinter acht Urgroßeltern und dahinter 16 Ururgroßeltern. Gehen Sie noch weiter zurück in die Welt Ihrer Vorfahren. Stellen Sie sich vor, wie Sie mit dieser »Ahnenpyramide« im Rücken ein ganzes Fußballstadion füllen. Ihre große Familie ist ihre nährende Wurzel:

Ein jeder von ihnen hat Leben gegeben, damit Sie leben können!
Das Blut eines jeden Familienmitglieds fließt in Ihren eigenen Adern.
Dieses Blut und dieses Leben geben Sie weiter.
Nach vorne.
In die Zukunft.
An die nächste Generation.
Und an die übernächste.
So weit, bis auch von Ihnen ein ganzes Fußballstadion gefüllt sein wird.

Werden Sie sich bewusst, dass Sie mit all den vergangenen, heutigen und zukünftigen Familienmitgliedern verbunden sind.
Definieren Sie sich selbst als ein Teil von ihnen. Sie sind eine Sippe.
Und Sie sind mit jedem Einzelnen dieser Sippe verbunden.
Aus dieser Sippe fließt eine Stärke.
Eine Kraft.
Spüren Sie genau hin, dann werden Sie diese Energie wahrnehmen.

Diese Sippe wollte sich fortpflanzen, seit allem Anbeginn.
Sie selbst ist auch aus dieser Fortpflanzungskraft heraus entstanden.
Und diese Kraft wohnt auch Ihnen inne.

So blicken Sie wieder vertrauensvoll und zuversichtlich in die Zukunft.

Ich wünsche mir, dass Sie für Ihren Kinderwunsch mitnehmen, dass wir auch spielerisch mit ernsten und wichtigen Themen umgehen dürfen – solange wir uns erlauben, genau hinzuspüren und keine Angst vor einer Bewegung hin zu unserem Wunschkind zu haben.

Ihre Birgit Zart

Durch innere Bilder der eigene Therapeut werden

Birgit Zart | Glückskinder
Von Kinderwunsch bis Lebensglück. Erfolgreiche Arbeit mit inneren Bildern
192 Seiten, Klappenbroschur
ISBN 978-3-424-20039-3

Wie lassen sich aufwühlende Zeiten in eine positive Erfahrung verwandeln? Die Heilmethode von Birgit Zart bietet Unterstützung und Hilfe in unsicheren Zeiten. Die Beschäftigung mit positiven inneren Bildern gibt Halt und ebnet den Weg zum persönlichen Lebensglück – ein Patentrezept für jede Art von Krisenmanagement, mit dem die Autorin ihre Patienten seit Jahrzehnten durch persönliche Tiefs begleitet.

Leseprobe unter www.ariston-verlag.de

ARISTON

Der sanfte Weg zum Wunschkind

Birgit Zart
Gelassen durch die Kinderwunschzeit
Loslassen lernen und empfangen
160 Seiten, Broschur
ISBN 978-3-7205-2737-8

Birgit Zart
Kinder-Wunsch-Reisen
Meditationen
Digipack mit einer CD, Spielzeit: 68 Minuten
ISBN 978-3-7205-7008-4

Viele Paare sind euphorisch, wenn sie sich dazu entschließen, ein Kind zu bekommen. Doch stellt sich heraus, dass das Schwangerwerden nicht klappt, nimmt der Leidensdruck zu. Sanft und liebevoll weist Birgit Zart, Heilpraktikerin, Homöopathin und führende Therapeutin auf dem Gebiet ganzheitlicher Kinderwunschtherapie, einen Weg aus dieser emotionalen Abwärtsspirale. Eine tröstliche und einfühlsame Anleitung für eine gelassene und glückliche Kinderwunschzeit.

Leseprobe unter www.ariston-verlag.de

ARISTON